イギリス紳士のユーモア

小林章夫

学術文庫版まえがき

　久しぶりにイギリスで一年間暮らしてみると、いろいろと考えさせられることがある。滞在先はイギリス東部のノリッジで、人口は二〇万人を超える中都市だが、日本人観光客にはあまりなじみのない町である。町のシンボルは大聖堂、その敷地内にお世話になった研究所があって、もとは一三世紀に建てられた修道院だという建物に一室をもらい、のんびりと読書三昧に耽る毎日だった。

　ノリッジは教会とパブが多いことで有名で、週にひとつずつ違う教会に行っても、一年間では廻りきれない、毎日違うパブに通っても、やはり一年間では廻りきれない、そんな言い伝えがある町である。教会は遠慮して、パブはできるだけ利用したけれど、やはりその言葉どおりだった。五〇軒がやっとである。

　いわゆる「グローバリズム」の波に洗われて、イギリス各地の大都市はさまざまな人種、肌の色が異なる人で溢れている。エスニックな料理がもてはやされ、回転寿司にラーメンが人気を集め、有色人種の子供が生徒の大半を占める地域まである。

ところがノリッジは、依然として昔ながらのイギリス人が圧倒的多数を占めていて、昼はパブでビール、あるいは道ばたでサンドイッチやフィッシュ・アンド・チップス、夜はまたまたパブに繰り出し、日曜日はまたしてもパブでローストビーフが主体のサンデー・ランチと、伝統的な暮らしぶりが健在である。治安も比較的いいし、人々のマナーも落ちてはいないし、あまりぱっとしない服装も、目の覚めるような美人が少ないことも、そして列車やバスが頻繁に遅れるところも、昔ながらのイギリスである。

そんなイギリス的都市で、もっぱら付き合ったのは平均年齢七〇歳のイギリス人だった。中産階級より上のクラス、仕事は引退して、そこそこゆとりのある生活を楽しんでいる人たちである。夕食に招かれていくと、きちんとジャケットを身につけて出迎えて下さり、シェリーに始まってワイン、リキュールまで飲みながら、伝統的イギリス料理をご馳走してくれる。話題は多岐に及び、歓を尽くして家路につく頃には、イギリスの夏の夜もさすがに真っ暗だった。英語をしゃべりながらの食事は疲れるが、気分は上々である。

中でも一番仲がよかったのは、上智大学の同僚の父上である。ノリッジの博物館の館長を勤め上げ、今は引退して建築の本の執筆に余念がない人物だが、その温顔、洗練されたマナー、他人への思いやり、上品な英語、どれをとってもイギリス紳士の上質な部分を体現する老人である。一年間のイギリス暮らしには、時として不愉快なこともないではなかったが、この人物を初めとして多くの紳士、淑女に親しくして頂いたことは、何よりの収穫だった。

本書はかつて勤務していた同志社女子大学時代に、楽しみながら書いたものである。読み返してみると、未熟な箇所、もはや賞味期限切れとなったジョークなどが目立つが、最小限の訂正、書き直しのほかは、ほぼそのままのかたちを残した。変わらぬイギリスで暮らした経験が、心の中に印象深く残っているからである。

今回、文庫版にするにあたっては、渡部佳延さんと布宮慈子さんのお世話になった。篤くお礼申し上げる。

二〇〇三年春

小林章夫

目次

イギリス紳士のユーモア

プロローグ

紳士というと、どういうわけかイギリスの専売特許らしい。フランスにも、ドイツにも、アメリカにも、いやわが日本国にも紳士はいるのだろうが、フランス紳士とかアメリカ紳士という言い方はあまりしないようだ。「日本男子」という言葉はあっても、「日本紳士」というのはまず耳にしたことがない。まして「ロシア紳士」なんていうのは、ドイツ人のコメディアンのように、この世に存在するなんてほとんど想像できないものなのである。

紳士という言葉は、すでに御承知の通り、「ジェントルマン」という英語の翻訳である。だからイギリスが本場なのだと言えなくもないが、アメリカだってカナダだって、オーストラリアもニュージーランドも英語を使ってるじゃないか。それなのになぜ「イギリス紳士」という言い方ばかりがもてはやされるのか。

「紳士」という言葉のもとである「ジェントルマン」というのは、イギリスの歴史を多少ともかじった人にとってはうかつに使うことのできない言葉である。手元にある

『リーダーズ英和辞典』（研究社）を引くと、「ジェントルマン」の定義の一つとしてこう書いてある。

封建身分でナイト（騎士）やエスクァイヤ（郷士）より下位の者、のちにヨーマンより上位で貴族には含まれないが家紋を付ける特権を許された者。

厄介《やっかい》だねえ。昔、英語が上達するためには英英辞典を引くことだと言われて、いざ実践してみたところが説明の英語がわからなくて、またそれを引き直し……。何だかあれを思い出す。でも別にこれは辞書が悪いわけではない。「ジェントルマン」というのはそれぐらいややこしい、いや深遠なる存在なのだ。それにしてもナイト（騎士）はいいが、エスクァイヤ（郷士）とは何だ、ヨーマンというのは？

面倒ついでに『イギリス史研究入門』（山川出版社）という本を開いてみると、「イギリス史特殊用語解説」という項目があって「ジェントルマン」の説明がある。

ジェントルマン（ジェントリ）――原義は gentilis homo、すなわち「高貴なる人」であり、封建時代にあっては当然［なんで当然なんだ！］Knight や Esquire

以下の封建身分の呼称。近代に始まる社会変動は、身分制の崩壊とともに、その社会学的内容にも変化をもたらし、ほぼ16世紀ころには漠然と「これがポイント」貴族とYeomanry［あのヨーマン］との間に介在する社会層、具体的には地主・大商人・法律家などを指す言葉となった。その後もその内容は拡大され続けて、今日では一般に人に対する敬称。

最後のところはよくわかる。manをていねいに言うとgentlemanだというのは中学で習った。ただしトイレに「ジェントルマン」とあるのは敬称なのだろうか。言葉というのは歴史とともにその意味が変化していくものだ。「ジェントルマン」もその例外ではない（この点は第四章でもう一度触れよう）。だから厳正中立、正確無比を旨《むね》とする歴史書、学術書では、「ジェントルマン」の意味もきちんと概念規定してかからなければならないが、これから書こうとするのはその類ではない（といって別にいい加減なものを書くつもりもない。伝統ある講談社のために一言お断りしておく）。

普通われわれが「ジェントルマン」というとき頭に浮かべるのは、あの山高帽にこうもり傘であり、悠揚《ゆうよう》迫らぬ態度で葉巻をくわえながらジョークをとばすチャーチルである。「ジェントルマン」とは「家柄のよい人」であり、「身分のある人」であり、「育ちのよい義俠的な人」であり、「りっぱな人物」であり（すべて先ほどの英和辞典の定義）、要するに「育ちのよさを感じさせる優雅な人物」である。だとすれば、この種の人間はアメリカにも、フランスにも、イタリアにも、もちろんわが日本にも見られると言っていい。

ところが「イギリス紳士」というと、やはり別なのである。「ジェントルマン」や「紳士」が普通名詞ならば、「イギリス紳士」は固有名詞であって、唯一無二の存在なのだ。しかもこの「イギリス紳士」という種族は、山高帽にこうもり傘というイメージだけではとらえることのできない、きわめて深遠かつ幅広い特徴を兼ね備えているのである。まずはその一端をのぞいてみよう。

第一章　イギリス紳士とは何か

UとノンU

イギリスは厳然たる階級の区別が今もって存在する国だと言われる。たとえばよく知られた話だが、イギリス人がこよなく愛する居酒屋兼食堂のパブには二種類あって、ホワイト・カラーとブルー・カラーの行く店ははっきり分かれているとか、同じパブでも店内が仕切られていて入口も別だとか、あるいは由緒《ゆいしょ》あるクラブは今でも上流階級しか入会を認めず、金をいくら積んでも成りあがりはだめだ等々。

そういえば、あの「鉄の女」サッチャーさんが首相になったとき、労働党の親玉の一人が冗談まじりに「サッチャーは中産階級出身だからダメ」みたいなことを言っていた。社民党のDさんが民主党のK君を評して「ええとこのぼんちゃうから、アカン」と言うようなものだろうか。

しかしこの階級というのが上中下の三段階ぐらいならまだしも、五つ六つとふえてくると話がわかりにくくなる。つまりアッパー（上流）、アッパー・ミドル（中の上あるいは上の下）、ミドル（中）、ロワー・ミドル（中の下あるいは下の上）、ロワー（下）、ついでにロウイスト（下の下あるいは最低）。「一億総中流」の日本とは大違いの念の入った分け方である。

こんなに細かく分類したら違いなどわかりっこないと思うのは素人《しろうと》の浅はかさ、さ

19世紀のロンドンのパブ

すが歴史と伝統の国だけあって、余《よ》人《じん》にははかり難い、いわくいい難い尺度が存在するのだそうだ。

シャーロック・ホームズではないけれど、一目見ただけで、一言口をきいただけで、大体どのあたりかの見当はつくのだそうである。話はそれるが、シャーロック・ホームズの生みの親コナン・ドイルにこんな話がある。ドイルがパリへ来てタクシーを降り、代金を払うと運転手が「メルシー、ムッシュー・ドイル」と言った。びっくりしてドイルが「どうして私の名を知っているのかね」と尋ねると、「今朝の新聞に、南仏に滞在していたあなたがパリに来られると出ていました。あなたの顔は英国人で、ヘア・スタイルは南仏流です」。ホームズ顔負けの推理を聞かされたドイルが感心すると、運転手が「それに、ドイルさん、かばんにお名前が書いてあります」。

さて、イギリスの階級社会の実情を詳細かつ大いなる皮肉をまじえて書いたジリー・クーパー『クラース』（渡部昇一訳、サンケイ出版。ただし現在は絶版）なる本によれば、しゃべり方や服装、住居はともかく、飼っている犬までもが階級によって異なるというのだからびっくりする。

しかしイギリス史の本などを読んでいると、先ほどの分類がさらに詳しくなって、中流の下は労働者階級であり、それにも熟練と未熟練の区別がありなどと書かれていたりして、頭が混乱してくることおびただしい。

そこで何事も単純明快が望ましい、一刀両断《いっとうりょうだん》にやろうというので、古来の知恵を使って二つに分けた人がいる。イギリスはバーミンガム大学の先生ロス氏がその人で、細かく分けるのは時間のロスだと言ったかどうか知らないが、あっさり二種類にまとめてしまった。すなわち「U」と「ノンU」である。「U」はアッパーの頭文字だから、「上流階級」と「非《ノン》上流階級」というわけだ。そこでたとえば「U」は、「死ぬ」という内容を表現するのに率直な言いまわしを使ってdieというのに対し、「ノンU」

深夜，クラブを出る紳士たち

はpass awayと遠まわしにほのめかすなどと説明されるわけだが、よく考えてみればこの程度のことで上流と非上流を区別するというのはいささか安易な方法で、まあお遊びの域を出ない。それに大胆に二分してもやはりあいまいな部分は残るのである。しかしとにかく、イギリスでは階級の問題が依然として大きな位置を占めていること、この点は間違いない。

古い家系ほど価値がある

ところで分類の適否はともかくとして、紳士というのは一体どのあたりの階級に属するのだろうか。これは言うまでもなく「U」、最初の分類に戻れば「アッパー」か「アッパー・ミドル」までだろう。ただし、エッセイスト兼小説家のジョージ・オーウェルによれば、中流階級の中間層（ミドル）以上はジェントルマンと呼べるのだそうだ。しかしまあいずれにしても紳士とは、社会の上の方の階層に入っているわけである。

そもそも「ジェントルマン」（gentleman）とは、語源的に見ても「いい家」「由緒ある家」、もっと狭《せば》めれば「名家」に生まれた人を指すのである。

ところが、この「いい家」というのがなかなか厄介なのである。日本でも結婚式に行くと媒酌人《ばいしゃくにん》が、「新郎の家は遠く藤原家の血を引く名家でありまして……」などと紹介することがあるが、こんなことは真偽のほどを確かめようがない。それに、どんどんさかのぼってしまえば誰も彼も一緒で、類人猿に名家も何もないのである。家系図をもちだしたところで、近頃では金を積めば適当にでっちあげてくれるそうだからあてにはならない。

とは言うものの、イギリス人も古い家系、歴史的にみて由緒ある家に生まれたことを誇りにする点では、日本人と同じらしい。いや、ひょっとすると日本人以上かもしれない。極端な話、イギリス人は何でも古いものほど価値があると思っているフシがあるのだ。たとえば私事にわたって恐縮だが、まだ顔《かんばせ》に青春の名残をとどめていた頃（にもかかわらず子供がすでに二人いたのだが）、イギリスで勉強したことがある。緊張した面持ちで指導教官の前に行き、いろいろとプライヴェートなことを訊《き》かれたのち、さて「何を主として勉強するのかね」との御下問《ごかもん》があった。勢いこんで「一八世紀の何某を……」と答えると、件《くだん》の先生、あっさりと「ふん、新しいところをやるんだね」とのコメント。しかもいささか皮肉っぽい微苦笑が浮かんでいたので、少しショックを受けた。われわれは一八世紀というとずいぶん昔のような気がするが、イギリスではついこの間のこと、一八世紀文学などというのは「モダン」なものなのである。したがって、そんなものはわざわざ研究するに及ばない、読めばわかる。シェイクスピアもまたしかり。本当は中世のチョーサーあたりが研究するにふさわしい、と言わんばかりの口調だったのである（ついでに言えば、その先生の専門はチョーサーとその前、つまり一三世紀から一四世紀のイギリス文学だった）。

脱線ついでにもう一つ。イギリスへ着いてまずは住居を探さなければならない。下手な英語で不動産屋に相談をし（よくあんなことができたと思う。今ならとてもできない。だからスピーキングは郷に入れば何とかなるものである）、いくつかの物件を見せてもらった。

その中に一軒、何と五階建て（と言っても各階二部屋ずつの、要するにノッポの建物）というのがあって、大いに気に入ったのだが、家賃が高すぎる。とにかくいろいろ見て手をうつことに決めたのが、日本流に言えば3ＬＤＫのフラット。もとは四階すべてあわせて一軒分だったのを、各階ごとに区切ってアパート形式にしたものの二階部分である。天井が高く、バス・トイレなど六畳ぐらいあり、暖房効果が悪くて困ったものだが、それはともかく、契約の際に家主にこの家はどれぐらい前に建てられたのか尋ねた。するとその答は「新しいですよ。まだ一〇〇年近くしかたっていないから。それでまあ安い家賃にしているんだがね」だったのである。

さて、古くからの名家の出であることがイギリス紳士の第一の条件とはいえ、これもまた日本同様、あいまいなものである。別に猿までさかのぼらなくてもいいが、どの人間も家系をたどっていけば、天照大神《あまてらすおおみかみ》ならぬ、アダムとイヴに突き当たるのである。階級やら家系をとりあげるとき、必ず引きあいに出される疑問文に次のものがある。

アダムが土を掘り、イヴが糸を紡《つむ》いでいた頃
誰が紳士だったのか？

中世最大の農民一揆《いっき》ウォット・タイラーの乱に加担したジョン・ボールという坊さんが言った言葉だが、答はもちろん「誰も紳士じゃない」、要するに人間皆平等というわけである。ただし異論を堂々と唱える向きもあって、「答は自明である。アダム。イヴであるはずがないじゃないか」とのたもうたイギリス紳士がいる（ダグラス・サザランド『英国紳士』秀文インターナショナル、参考文献参照）。

ともかく「古い」とか「由緒ある」とか言ってもこれまた厳密は期し難いのだが、そこはそれ一八世紀の文人ジョンソン博士（第二章参照）の大胆な言葉をお借りし

て、「紳士とは立派な家柄の人」で、あとは余計な「たわけごと」を言う必要はないとしておこう。

貴族必ずしも紳士ならず

「立派な家柄」「由緒ある家系」「名門の出」というと、まず頭に浮かぶのはイギリスの貴族である。歴史用語として厳密を期せば貴族と紳士は異なるもので、紳士は貴族の下の身分というわけだが（プロローグ参照）、ことはそれほど簡単ではない。

たとえば一八世紀に出版された辞書では「紳士」（ジェントルマン）を定義して、次のように言っている。「その高貴なる身分は先祖から受け継いだもので、王侯や国家から与えられたものではない」

あるいはこんなエピソードもある。一七世紀初めの国王ジェームズ一世は『欽定訳《きんてい》聖書』をつくらせたり、自ら『悪魔論』なるものも書いた変わり種の王様だが、このジェームズがあるとき、自分を育ててくれた乳母から頼まれたことがある。それはわが子を「紳士」にしてほしいという願いだったのだが、ジェームズは即座に断ったという。「男爵にすることは余にもできるが、紳士にするのは全能の神をもってしても不可能である」というのがその答だった。これはどういうことか。

イギリスには現在もかなり多くの貴族がいるというのは、すでに御承知の通りである。近頃は貴族様も生計を立てるのが大変らしく、土地を切り売りしたり、蔵書を処分したり（流れ流れて僕の手元にも何冊かある）、邸宅を公開して拝観料をとったり（当主自らガイドをなさるところもある）となかなか御不自由なようだが、やはり出る所へ出ればわれわれ下々の者とは格段の違い、威厳があって、コーヒー・カップを持つ手も優雅である。

上流階級のトップクラスに位置する貴族には、中世以来の名門で、当主は第二〇代にあたるというのもあることはある。ところが公爵や伯爵、男爵とはいっても、一八世紀頃に国王のお覚えめでたく、ほんの気まぐれでふいに貴族の仲間入りをしたなどというのもある。もとは召使いだったのに異常によく気がつき、寒い日に靴かなんかをふところで温めていたのを認められて、「よっしゃ、あしたから男爵！」などというのもいたかもしれない。実際、女王様に気に入られて爵位を与えられたケースもあったのである（ただし、一代限りという約束がつくことが多かった）。

いずれにしてもこうなると、必ずしも「名家の出」「由緒ある家系」とは言えなくなってくる。何代かたって祖先の出自があいまいになり、系図が適当にでっちあげられるようになればまだしも、当座はあまり大きな顔もできない。

つまり、由緒正しき家柄の貴族ならともかく、時にはあまり由緒正しくない貴族もいたというわけである（しかし、何度も繰り返すようだが、由緒正しき貴族だとて、ずっとさかのぼればやはりタダの人ではある）。したがって「成りあがり貴族」と「由緒正しき紳士」とを比べれば、後者の方がいかにも「ジェントルマン」らしいとも言えるわけだ。要するに紳士とは、公爵や伯爵といったきちんと決まった身分ではなく、いささか漠然とした言い方ながら、「血筋のよさを感じさせる人物」なのである。

紳士は乳母に育てられる

さて紳士の「氏《うじ》」は一応これで切り上げて、今度は「育ち」の方に話を移そう。というのも「氏より育ち」という言葉がある通り、いかに「血筋のよい」家に生まれた人物でも、それだけでは紳士の条件を十分に満たしているとは言えないからである。遠くエリザベス一世の時代から、「紳士は紳士らしく振舞わなければならない」という言葉が伝わっているということは、まさに紳士らしくない振舞いに及んだ人がいつもかなりいたことを示していると言えよう。現在でも、由緒正しき名家の生まれながら、時として紳士的ならざる行動に及ぶ御仁《ごじん》もいないではない。いとやんごとなき方なのに、いかがわしい女性とのつきあいを指摘されて、スキャンダル好きのイギリス大衆新聞を騒がせた例もあった。一昔前までは人類最高の種族、男子たるものの理想、男の鑑《かがみ》、完璧の極致とまであがめ奉られたイギリス紳士も、もはや地に墜《お》ちたかと嘆き悲しむ向きもあったが、僕などはそうは思わなかった。もし本当に完璧ならば、とてもじゃないがおつきあいは御免蒙《こうむ》りたい（あちらが先に断るだろうが）し、むしろイギリス紳士もやはり人間かと思ってほっとしたものである。

ただし、数ある紳士の定義の中で最もキツイのに、「紳士はせぬことを、紳士らしくやる能力のある人物」というのがあるから、スキャンダルもまた面白いのである。

それはともかく、紳士は血筋のよさを「感じさせる」人物でなければならない。そのためにはまず「教育」が大事となる。

順番に言えば、生まれたばかりの子は母親ではなく、乳母（ナニー）によって育てられるのが普通である。紳士の家の奥様は子供は生んでも、子育てには必ずしも熱心ではない。おつきあいも忙しいし、何よりも授乳をして胸の形が崩れるのがいやなのだ。そこで育児はナニーが引き受けることになるわけである。

「三つ子の魂百まで」と言われるくらいだから、幼児期の環境はなかなか大事である。いい乳母に恵まれれば、きちんとした良家の坊ちゃんに育っていくだろうが、世の中そうは問屋がおろさないものである。

イギリス文学に若干興味がある方なら、乳母と聞いてまず頭に浮かべるのは『ロミオとジュリエット』だろう。ただしあの中に出てくる乳母は、紳士ではなく、淑女ジュリエットの乳母ではあるが、これが大変なおばさんなのである。陽気でエネルギッシュ、ジュリエットをこよなく愛しているという点では非の打ちどころのない乳母なのだが、ただ一つの欠点はあまりにも饒舌卑猥《じょうぜつひわい》なことだ。ジュリエットが子供の頃にころんだときのいきさつを語る乳母のせりふは、次のようなものである。

はいはい、でも、奥様、笑わずにはいられないじゃございませんの。ピタリッとお泣き止みになって、ウンウンっておっしゃるんでございましょう。でも、そうそう、そのオデコにね、奥様、可愛いヒヨッコのお睾玉《きんたま》ほどのコブなどをおこさえになりましてね、そりゃほんに危いことでございましたっけ。すっかりおむつかりになりますもんで、つい主人《たく》が、

「ああ、よしよし、うつ伏せにお転びですかい？　今に大人にならしゃったら、仰向けにお転びなさいましよ、よござんすかい、お嬢様」って、そう申し上げます

となすると、あなた、お泣き止みになって、ウンウンっておっしゃるじゃございませんの。

（『ロミオとジュリエット』一幕三場、中野好夫訳）

こんな乳母に育てられても、ジュリエットは清純無垢《むく》な乙女になったのだから大丈夫とも言えようが、堅い親なら目を三角にするに違いない。

乳母にもいろいろあって

一方、逆の意味でもっとすごい乳母もいる。ジョナサン・スウィフトと言ってもあまりピンとこないかもしれないが、『ガリヴァー旅行記』の作者と言えばうなずく方もいるだろう。このスウィフト、先祖には貴族もいたというから、まずは紳士の家系の出身である。ただし父が早く死に、母も大した持参金を持っていなかったため、金には困っていたらしい。しかし家系の誇りか、単なるミエか知らないが、スウィフトは乳母に育てられた。ところがこの乳母がとんでもないことをする。スウィフトの自伝によれば、こんなことがあった。

生まれて一歳、まことに異様なことが起こったのである。というのは、ホワイトヘイヴン生まれの女だった乳母の身内の一人というのが、急に重態になり、しかもこの男からは遺産がもらえる可能性があるというので、どうしても見舞いに帰らなければならなくなった。ところが、この乳母、嬰児（スウィフト自身のこと）を溺愛していたもので、母親や伯父には内緒で、こっそり船にのせてホワイトヘイヴンへ連れて行ってしまったのである。そこで彼は、三年間近くホワイトヘイヴンで過すことになる。というのは、事態がわかったとき、彼の母は、彼がもっと航海に耐えられるようになるまで、二度と海を渡らせることはしないでほしい、という通知をよこしたからである。乳母は実によくしてくれたので、のちに彼がダブリンへ帰るまでに、一通りのスペリングはできるようにしてくれたし、また三つになったときには、聖書のどこでも自分で読めるようになっていた。

（中野好夫『スウィフト考』岩波新書）

要するに幼児誘拐《ゆうかい》というわけだが、何ともすごい乳母がいたものである。ただしスウィフトという人物、自己韜晦癖《とうかいへき》があり、また書くものには一癖も二癖も三癖もある男だから、真偽のほどはわからない。

家庭教師が仕上げをする

まだ年端もいかぬうちは乳母に育てられた紳士も、ものごころつくと家庭教師によって教育を受けることとなる。

家庭教師と言えば、今では有名大学の学生ならかなりの数がアルバイトとしてやっているだろうが、イギリス紳士の教育係の方はこれよりずっと格が上である。なにしろ学校へ行くより家庭教師によってほとんどすべての教育が行われるのが、かつては上流階級の子弟では普通のことだったからだ。したがって、大学生の片手間仕事ではなく、学問識見ともにすぐれた人物が住み込みで御子息の指導にあたるケースが多かった。

たとえば『リヴァイアサン』を書いた哲学者のホッブズは、オックスフォード大学を卒業後、デヴォンシャー伯爵ウィリアム・キャヴェンディッシュの息子の家庭教師となり、そのグランド・ツアー（イギリスの上流階級の子弟が学問の総仕上げという名目で出かけるヨーロッパ大陸旅行。ただし近頃の大学生の卒業旅行と同様、往々にして遊びに走る傾向あり）にも同行している。ホッブズはさらにこの息子の息子、つ

アダム・スミス

まりのちの第三代デヴォンシャー伯爵の家庭教師も務め、同じくグランド・ツアーにも行った。

このほか、やはり同じ哲学者のジョン・ロック、経済学者アダム・スミス、劇作家のベン・ジョンソンなど、錚々《そうそう》たる連中が家庭教師をしているのである。

今で言えば東大や京大の教授クラスにあたる人物が、そのポストを放棄してまで家庭教師になったのはなぜかと言えば、これは別に教育に対する情熱やみがたかったからというわけではなく、まず何より報酬がよかったからである。

たとえばアダム・スミス。彼はバックルーという公爵の家庭教師として三年勤めたが、その報酬は年に三〇〇ポンド（ただしこの三年間はグランド・ツアーのお供である）。しかもこのあと終身年金として三〇〇ポンドを保証されたという。三〇〇ポンドと聞いてもあまりピンとこないかもしれないが、ロンドンに住む六人家族の労働者の年間支出が五、六〇ポンドという時代だから、これは相当なものである。またアダム・スミスはグラスゴー大学教授を務めたこともあるが、三〇〇ポンドはそのときの給料の倍にあたる大金なのである。

このほか上流階級の家の家庭教師になれば、いろいろな名士とも知り合いになれるし、すぐれた蔵書にも触れることができる。しかもグランド・ツアーのお供で外国を旅行し、見聞を深めることも可能である。こうしてみると、家庭教師による教育とは、教育を受ける側より与える側に利すること大であったようだ。アダム・スミスは後世に名を残したが、その薫陶《くんとう》よろしきを得たバックルー公爵の方はほとんど無名なのである。

家庭教師もピンからキリまで

ところで、家庭教師がすべてアダム・スミスのような一流人とは限らないのは当たり前のこと、中には玉ならぬ傷だらけの石も数多い。家庭教師がイギリス紳士予備軍に教えるよう期待されているのは二つ、すなわちギリシア・ラテンを中心とする古典語教育と、紳士にふさわしいマナーである。そして前者はともかく後者となると、いささかあやしげな人物がずいぶんいたようだ。これも若干古きにわたって恐縮だが、一八世紀後半の文人にして政治家、イギリス初代の首相ロバート・ウォルポールを父にもつホレス・ウォルポールが、家庭教師を「旅に出ているイギリス人の若者よりも馬鹿な輩《やから》」と評しているのである。

あるいは、イギリス近代小説の父とも言われるヘンリー・フィールディングの小説『トム・ジョウンズ』には、スワッカムという家庭教師が登場する。彼は学問的にも道徳的にもすぐれた聖職者だというふれこみだが、実際はまったくの大違いで、頑迷固陋《がんめいころう》な衒学者《げんがくしゃ》である。しかも雇い主であるイギリス紳士オールワージー氏の財産目あてに、その妹で夫に先立たれたブライフィル夫人と結婚しようとするのだが、この計画実現のためにスワッカムは、ブライフィル夫人の一人息子には猫撫《ねこな》で声で接し、好き放題のことをさせる。一方、オールワージー邸には夫人の息子と同年輩のトム・ジョウンズ（この小説の主人公。捨てられていたのをオールワージー氏が引きとって育てた。いささか乱暴だが、明るく俠気《きょうき》に富んだ好青年。ブライフィル夫人の息子ブライフィルはこれとは正反対の陰険な青年）がいて、オールワージー氏からはかわいがられているが、ブライフィル夫人はそれが気に入らない。そこでトム、ブライフィル双方の家庭教師であるスワッカムは、この邸の居候にして恋敵《こいがたき》の哲学者スクウェアとともに、トムにはつらくあたり、ブライフィルにはやさしくするのである。

さてこの両紳士［スワッカムとスクウェア］はあらゆる機会をつかんで未亡人［ブライフィル夫人］に取入ることに努めたが、やがて一つの確実な方法は彼女の息子をもう一人の少年よりも常に優遇することだと悟った。彼等はまた、オールワージー氏が後者にばかり親切と愛情を示すのは彼女にはすこぶる不快に違いないと考えたから、あらゆる場合をつかんでトムをくさしそしることが、トムを憎んでいるだけにすべてトムに害を加える者を喜ぶに違いないこの婦人にとってはすこぶるうれしかろうと信じていた。この点スワッカムの方が有利だった。というのはスクウェアの方は哀れなトムの評判を傷つけることしかできないが、彼はその肌に打《ちょう》擲《ちゃく》を加え得たからである。事実また彼は、少年に加える一鞭一鞭を女主人へのお愛想と考えた。

（『トム・ジョウンズ』朱牟田夏雄訳、岩波文庫）

家庭教師といってもピンからキリまであるわけだ。

ところで、こうした家庭教師による一対一の教育は、一八世紀に入る頃から徐々《じょじょ》にすたれていき、学校教育に重点が移って行く。その中心となったのはパブリック・スクールである。

イギリスの学校制度のわかりにくさ

イギリスの学校教育制度というのは、どうもわれわれ外国人にはよくわからない。いやイギリス人に訊いても満足な説明が返ってこないことがよくある。

たとえば大学である。僕が勉強をさせてもらったのはイギリス西部の大都市ブリストルにある大学だが、あまり下調べもせずに行ったためいろいろ面くらうことが多かった。一応は大学院に籍を置いたのだが、学部の授業も一つ二つ聴講させてもらった。ところがこの学部が三年制なのである。つまり普通にやれば三年で学士様というわけだ。授業は講義が五〇分、少人数のゼミナールとなるとばらばらで、二時間のときもあれば、昼食抜きで五時間ぐらいやることもある。試験は卒業年次（つまり三年）の最後にあるだけ。年度初めは一〇月初旬だが、学期の途中で急に掲示が出て、来週から「イギリス女流作家研究」という授業を一五回の予定でやるから希望者は登録せよなどとあったりする。

教科書にしても一括してどこかで売っているなんて親切はさらさらなく、各自勝手に買えというお達し。もちろん出席制度などありはしない。ある雪の日、教室へ行ったらいつもの三分の一ぐらいしか学生がいない。休講かと訊くと、「知らん」という返事。別に帰るでもなくあちこちにすわってしゃべっている。三〇分ぐらいたつとぼつぼつ帰る人間もいて、結局その日は授業がなかった。事務へ尋ねても知らないと言うし、休講の掲示が出るわけでもない。そして次週には何ごともなかったように教授が来て、いつもの通りしゃべって終わりである。とにかく日本の大学の手とり足とり、おんぶにだっことはまったく正反対の、親切のかけらもないシステムなのである。

またこんなこともあった。ちょうど留学したときが間の悪いことに、サッチャーさんが大学への国庫助成を大幅カットしているときで、このため財政ピンチに陥った大学が授業料を大きく上げたのである。しかも日本にいて入学手続きをしているときにはその額がまだ決定しておらず、授業が始まる直前に知らされたのだった。それも値上げ幅がひどく、前年の倍以上を払わなければならない、というのである。すっかり予定が狂ったので指導教官に思わずぐちをこぼした。するとこの先生、経理課かなんかに電話して何やら交渉した結果、授業料は半分でいいことになったと言う。半信半疑で翌日支払いに行ったら、確かに規定の半額でＯＫだった。まったく狐《きつね》につままれたような思いがしたものだ。

とにかく大学の組織も授業形態もまったくばらばらばららしく、よほど教育方面に詳しい人でなければ詳細はわからないようだ。また初等教育や中等教育に関しても、個々の学校がかなりの自主性をもってやっているようで、一般論はどうもたてにくい。

パブリック・スクール

さてパブリック・スクールである。名前はパブリック（公けの）だが、実際は私立の学校である。イギリスには遠く中世に起源をもつグラマー・スクール（主として古典語を教えていた。古典語の文法［グラマー］である）というのがあるが、パブリック・スクールにもこれに劣らず古い伝統をもつものがある。

すでに述べたように、昔は上流階級の子弟は家庭教師について教育を受けるのが普通だった。そしてパブリック・スクールは、主として中流下層階級の子弟が聖職者になるために通う学校だったのである。

こうしたパブリック・スクールに紳士の子弟が入学し始めるのは一八世紀になってからのことだが、家を相続しない二男や三男坊は一七世紀ぐらいから少しずつパブリック・スクールに行くようになっていた。しかしパブリック・スクールは基本的には寄宿制度をとっており、これが果たして教育的にみていいかどうかがわからなかったため、紳士の子弟はそれほど多くは在籍していなかった。

パブリック・スクール（上：イートン校／下：ハロー校）

また紳士の子弟があまりパブリック・スクールに行かなかった理由としては、次のような点もあげられる。すなわち、一六世紀ぐらいまでは紳士の子弟の教育といえば、主として武術や礼儀作法の習得に焦点が絞られていたことである。そのためたとえば中世においては、貴族の屋敷に住みこんで見習修業をすることが多かったし、一六世紀の外交官リチャード・ペースという人物は、「紳士の子弟にふさわしいことは、角笛《つのぶえ》をうまく鳴らすこと、狩猟の技術、そして鷹《たか》をきちんと飼い馴らすこと」で、「勉強などは乞食や貧乏人のやること」だと言っている。これなどはやや極端な意見だが、それにしても総じていわゆる「お勉強」に対してはあまり力が入れられなかったようだ。

そのためパブリック・スクールに対する評価はあまり高くなかったのだが、やがて一八世紀になると「名門校」として名をなすものが増えてくる。たとえばパブリック・スクールとしては最も古い歴史をもつ、一四世紀創立のウィンチェスター校、歴代のイギリスの首相の多くが学んだ、一五世紀創立のイートン校、そして一六世紀創立のシュルーズベリー、ウェストミンスター、ラグビー、ハローなどである。

それではなぜこうしたパブリック・スクールに紳士の子弟、上流階級のおぼっちゃまが入学するようになったのか。これにはいくつかの理由が考えられる。

かつて紳士というのはその多くが騎士であった。つまり一朝《いっちょう》ことあれば、まっさきに戦場に馳せ参じて戦わなければならない。そのためには日頃から武術の腕を磨いておくことが必要であり、狩猟にいそしむのもその一つの訓練であった。

ところが、近代になって戦争も減り（あるいは戦争の性格も変わり）、紳士と騎士とがイコールで結ばれなくなると、紳士の活動領域がほかの方に向いていく。法律方面や議会、政治などのパブリック・サーヴィスを行うようになるのだが、それには体力と狩猟の腕だけでは間に合わない。基本的なことを言えば、読み書きの能力を初めとして、種々の教養、知性が必要となるわけである。

もちろんこうしたことの基本は家庭教師からも学べるだろうが、パブリック・スクールに行けば、交友関係を通じて社会生活の訓練も受けられるし、将来の社交、政治に役立つことがらも学べるのである。こうしてエリート養成機関としてのパブリック・スクールの重要性が増大していくのである。

ではこのパブリック・スクールではどのような教育が行われてきたのか。

古典語教育とスポーツ

パブリック・スクールの教育の中心をなすのは古典語教育であった。もちろん今日ではかつてのギリシア・ラテン一辺倒とも言える教育も変化を遂げているが、一九世紀末までのパブリック・スクールにおける知育はもっぱら古典の勉強に限られていたと言ってよい。たとえばパブリック・スクール黄金時代とも言える一九世紀半ばには、一週間の授業時間二〇時間のうち一七時間が古典の勉強だったそうだ。そしてこの教育ぶりというのが、現今日本の受験校や塾の詰め込み教育さながらのもので、ギリシア語とラテン語の文法を毎日毎日覚え、キケロのような割合にやさしい作家の文章をやたら暗誦《あんしょう》させるというのである。生徒の自主性を尊重するとか、子供の自由な発想を大事にするとか、柔軟な思考力を養うなどといった、どこかの国の小学校教育の理想案とはまったくの正反対を行くものとも言えるだろう。ただしかつての日本でも、漢文の素読、暗誦中心の教育は行われていたのであって、子供の自主性を重んじる猫撫で声の教育と、徹底的に基本を教えこむ厳格な知育のどちらがいいかは、議論の分かれるところかもしれない。

いずれにしろパブリック・スクールの生徒は、徹底的に古典語を詰めこまれたわけである。そしてもちろんその結果、すぐれた古典学者として名をなした人物もいないではない。けれども大部分の生徒にとっては、この種の教育が退屈きわまりないものと映ったのも事実であり、七、八年も勉強したわりにはあまり効果の出ないものも多かったようだ。一八五〇年に書かれた文章には、パブリック・スクールの生徒の学力をいささか皮肉をこめてこう述べたものがある。

ギリシア語とラテン語の文法知識、やさしい古典作家のごくわずかの作品の抜粋程度、フルーツ・パイやワインの値段。それに学校の校長と教師の名前。これが生徒の覚えた「厖大な」知識のすべてであった。

（W・J・リーダー『英国生活物語』小林司・山田博久訳、晶文社）

ここで思い出すのはわが師の一人ピーター・ミルワード先生の言葉である。カトリック司祭であるとともに上智大学で長年英文学を教え、なおかつその傍《かたわ》らユーモア溢《あふ》れる書物を三五〇冊も出されたというまことに精力的な先生の名前は、すでに読者の方々にもおなじみかもしれない。そしてイギリスのアッパー・ミドルの家に生まれ、オックスフォード大学で英文学と神学を修めた先生は、いい意味でのイギリス紳士の典型とも言える方だが、このミルワード先生が日本とイギリスの教育、学校制度の違いを興味深く、しかも例によってユーモアたっぷりに語ったエッセイがある。その中で先生は、日本の小学生が学校に行くときはとても楽しそうで、授業が終わってもなかなか家へ帰ろうとしない姿を見てびっくりしたと言うのだ。こんなことはイギリスではとても考えられないことなのだそうである。シェイクスピアの喜劇の傑作『お気に召すまま』のせりふではないが、生徒たちは「かばんをかけて、朝日を浴びながら、まるでかたつむりのごとくのろのろと学校へ通う」のだ。ともかく、授業は厳しくて、なまければ容赦《ようしゃ》なく鞭《むち》で打たれることもある。したがってイギリスの子弟は、学校と聞けばあまり楽しい思い出がよみがえってこないというのである。

さて、パブリック・スクールはこうした古典を中心とした知育とともに、もう一つ重要な面にも力を入れている。それはスポーツを通じての身体の鍛錬である。

イギリスの上流階級には概して体格の立派な人が多い。労働者階級に比べると平均身長でも上を行き、見た目からして差があるように思えるとも言う人がいる。そしてこの違いをもたらしたのは、伸び盛りのときにスポーツをしたかどうかによるという説をなす人もいるのだが、確かに近代のパブリック・スクールでは知育と並んで、体育、それも戸外のスポーツに重きが置かれていたようだ。特にクリケット(あの何が面白いのか、そしていくらルールを説明してもらってもよくわからないスポーツ)やサッカー、ラグビー、ボートやクロス・カントリーなどは、パブリック・スクールの生徒たちが大いにやったものだった。この伝統は今でも残っていて、午前中の授業が終わると、午後はもっぱらスポーツを行うところが少なくない。一〇〇年ほど前は、ハロー校の生徒は週に二〇時間もクリケットをやったそうである。

寄宿制度の明と暗

では、知育、体育と並んで教育の三本柱の一つと言われる徳育に関して、パブリック・スクールはどのような姿勢で臨んだのであろうか。

もともとパブリック・スクールのみならずイギリスの教育が、キリスト教との関《かか》わりの上に発達した以上、各学校にはチャペルがあって礼拝が行われるのが普通である。パブリック・スクールはその意味で、立派な紳士を養成する機関であるとともに、よきクリスチャンをつくるところでもある。

しかしながらパブリック・スクールの徳育、あるいは広い意味での人間教育の中心をなすのは、寄宿制度という点にある。全寮制を敷いて二四時間共同生活を行うことが、人間の全人教育に欠かすことのできないポイントだというのが、パブリック・スクール教育の大きな柱となる考え方だった。

この目的のために各学校は生活の場としてハウスを設け、そこに様々な年齢の生徒を五〇人ほど寄宿させて、これをハウス・マスターと呼ばれる教師が監督するのである。さらに、一九世紀半ばからは「監督生制度」というものも設けられた。これは簡単に言えば上級生の中から選ばれた代表が、ハウス・マスターの代理や補佐を務めるものである。ただしこうしたアイデアのもとになったのは、人手の足りない監獄で看守が模範囚を見張り役に使うものだったらしい。したがってパブリック・スクール内では上下関係が非常に厳しく守られ、やや大げさに言えば一昔前の運動部のごとく、上級生と下級生の待遇には大きな違いがあった。下級生が上級生の権威を認め、これに仕えることが紳士階級の人格形成に欠くことのできない方法だと考えられていたのである。

ところで、理想と現実との間には往々にして大きなギャップが見られるものである。一二、三歳から一八、九歳までの人格形成期を、二四時間の全人教育によって鍛え上げ、紳士にふさわしいモラル、マナー、知性を磨くという建て前は確かに立派なものだが、逆に言えば多感な青少年時代を団体で朝から晩まで過ごすのだから、いろいろと問題も起こってくる。

まず昔からたびたび批判の的になってきたのが、校内暴力である。すでに述べたように、パブリック・スクールの教師はなかなか厳格で、鞭によって体罰を加えることがたびたびあった。

ところが相手も血気盛んな若者たちである。黙って鞭打ちの罰を受けているばかりではない。時には個人で、時には集団で教師に抵抗した。特に一九世紀前半はこの種の反抗がピークを迎えた時期で、教科書をテムズ川に投げ捨てて家へ戻ってしまったり、建物の一部を壊したり、教室のドアをロックアウトして、入ろうとする教師に腐った卵を投げつけたりした。

一方、教師と生徒との対立だけではなく、生徒同士が乱闘に及ぶこともあった。かつての日本でも旧制高校において「ストーム」なる風習があって、夜中に新入生の部屋へ上級生が押しかけ布団蒸《ふとんむ》しにすることが行われたそうだが、あれに似たものがパブリック・スクールでも盛んだったのである。その結果、死人まで出たこともあったという。

同性愛の温床

しかしパブリック・スクールの寄宿制度で一番問題となったのは、同性愛である。今でこそホモ・セクシュアルの問題は大っぴらに議論されるようになって、市民権を得たどころか、ゲイの権利、そのすばらしさを声高に主張する傾向も見られるが、少なくとも一九世紀末から二〇世紀初めまでは同性愛は口にするのもおぞましいものと考えられていた。たとえば一九世紀末の寵児《ちょうじ》オスカー・ワイルドは、同性愛によってレディングの監獄につながれている。そしてこの同性愛の巣窟《そうくつ》と言われたのがパブリック・スクールなのである。

哲学者のバートランド・ラッセルや経済学者のジョン・メイナード・ケインズ（ケインズは有名なホモである）、あるいはイギリス諜報《ちょうほう》部内にいた大物スパイのキム・フィルビーらが属していたイギリス・エリートの秘密組織「ケンブリッジ使徒会」の内幕を書いたリチャード・ディーコン『ケンブリッジのエリートたち』（橋口稔訳、晶文社）という面白い本がある。その中には「高級なソドミー」と題された章があって、この使徒会における同性愛の問題が描かれている。

オスカー・ブラウニングも、同性愛崇拝の祭司の一人であった。彼の同性愛は、特に慎重なものでも、昇華されたものでもなかった。ウィリアム・ジョンソンと同じように、彼もイートンの教師を兼ねており、イートンとキングズの結びつきを利用して、使徒を見つけようとした。ジョンソンは、イートンでブラウニングの個人教師だった。ブラウニングもジョンソンのように、イートンをやめさせられている。校長の言うところでは「生徒たちに対してあまりに個人的な関心を持ちすぎた」からというのだが、これは、いかにもヴィクトリア朝らしい控え目な表現である。ブラウニングは、使徒会の中で同性愛の閉鎖社会という問題を追及したばかりでなく、労働者階級に対して父親のような関心を持つという仮面の下に、ゆきずりの水夫や労働者をキングズの自分の部屋に連れこんだのである。「ハロー、水夫《セイラー》」という呼びかけはブラウニングから出たと言われているし、海軍の水夫部屋の用語で、同性愛の者のことを「ブラウン・ハッター」というのは、本来「ブラウニング・ハッター」であった。

ともかくパブリック・スクールは同性愛を育てる温床だと言ってもよく、教師と生徒（セクシャル・ハラスメントまがいのこともある）、生徒同士の関係があちこちで見られるらしい。ただし最近ではエイズの流行を恐れてか、いくぶん下火になりつつあることも事実のようだ。ジョウ・イーストウッド『100％イギリス人』（永岡まり子訳、TBSブリタニカ）という、イギリス人の行動や考え方をアンケート調査に基づいてパーセンテージで表した妙な本によると、「イギリス人の62％は、エイズ問題が起きる以前と比べ、ゆきずりの関係を持つ可能性ははるかに減ったと言っている」そうだ。しかし逆に言えば、38％は「ゆきずりの関係」を続けているわけだし、

「ゆきずり」ならぬ「恒常的」関係は依然として高いパーセンテージを占めているのかもしれない。

オックスブリッジへ

さて紳士の教育の仕上げは大学である。ただし、すでに若干触れた通り、大学などへは行かず、「グランド・ツアー」というヨーロッパ大陸周遊の旅に出るケースもかつては多かった。

ところで大学と言えば、これはオックスフォード、ケンブリッジ、略して「オックスブリッジ」に決まっている。もちろん他に大学がないわけではない。ロンドン大学やマンチェスター大学、スコットランドにはエディンバラ大学、アイルランドにはダブリン大学など、名の通った大学は数多い(とはいうものの、わが日本の大学の数とはまるで比較にならないほどの少なさだが)。しかし紳士の子弟というのは、たいていオックスフォードかケンブリッジに行くのである。

その理由はやはり伝統である。オックスフォードもケンブリッジもその創立はずっと昔、中世の闇の中に消えているのであり、古ければ即《そく》価値ありと考えるイギリス紳士は、この二つ以外に行くべき大学はないかのごとく思っている。なにしろオックス

上：オックスフォード大学／下：ケンブリッジ大学

フォード出身者は、オックスフォードをつくったのはアルフレッド大王だと主張するのであり、これに対抗してケンブリッジは、アーサー王こそわが大学の祖だと声高かに宣言する始末だ。伝統のボート・レースが白熱するのも故なしとはしない。福沢諭吉や大隈重信で争っているなど、話がまるで小さいのである。

こうした古い歴史と伝統をもつオックスブリッジだけに、すぐれた学者、政治家たちを数多く輩出するとともに、無数のイギリス紳士を養成してきたことは言うまでもない。いやむしろ、イギリスの上流階級、支配者階級で、この両大学を出ていない人間を探すのは難しいぐらいなのである。

だから、こんなジョークもつくられて、庶民からは皮肉られることがある。

オックスフォード出身者とケンブリッジ出身者の違いを尋ねられたクライトン主教はこう答えた。

「オックスフォード出身者は、まるで世界は自分のものだと言わんばかりの顔つきをしている。一方、ケンブリッジ出身者は、世界が誰のものでも少しも構わぬといった顔つきをしている」

さて、では、その教育内容は具体的にどのようなものだったのか。しかし、この点を細かく述べていくと、いくら頁数があっても足りないこととなる。また当然の話だが、時代によってもいろいろな変化を遂げているので、ここはとりあえず大雑把《おおざっぱ》な点だけを見ておこう。

まずその大きな特徴は「コレッジ」（アメリカ流に発音すれば「カレッジ」だが、イギリス派、いやオックスブリッジ派はこう発音する）という制度である。前に名前をあげたミルワード先生は、オックスフォードには「ユニヴァーシティ」はない、「コレッジ」のみがあると言っておられたが、これは最初は奇異な感じがするけれど、事実はまさにその通りなのである。つまり、オックスブリッジの学生は、数あるコレッジのいずれに属してそこで勉学にいそしむのであり、また日常生活の方もそのコレッジの中で営まれるのが普通だから、たとえばオックスフォード・ユニヴァーシティがどれなのかを示すのが難しいわけだ。

個人指導制度

そして授業の方は、ちょうど家庭教師が一対一で紳士の子弟の教育にあたっていたのと同様、基本的には個人指導制度（オックスフォードでは「テューートリアル」、ケンブリッジでは「スーパーヴィジョン」と呼ぶ）がとられ、一般的な講義の方はあまり重視されていない。したがって学生は指導教官の指示に従って、様々の書物を読んでレポートをまとめ、これをもとに綿密かつ厳しい指導を受けることとなる。

実はこのシステム、オックスブリッジ以外のいわゆる「新しい大学」（といっても一九世紀末や二〇世紀初頭にできたものだが）でも大学院レヴェルでは行われているようで、僕がお世話になったブリストル大学でもこの「テュートリアル」があった。毎週一回、テーマに沿っていろいろな文献を読んでまとめたレポートを指導の先生に提出し、それをもとにして質疑応答、ディスカッションをするのだが、正直言って極東の地から来た三〇歳近い年齢の、英会話に必ずしも自信のない身にはこたえた。週に二、三日は徹夜し、食事を満足に食べる暇もなく、どこにも連れていってくれないうらみに血走った眼を向ける家族の姿を脳裡から追い払って勉強しても、なかなかついて行けないのである。途中からこの先生を慕《した》ってケンブリッジの大学院生が来たため、テュートリアルも二週間に一回となってほっとしたが、今でもあの苦しみは忘れられない。

資料の読みの浅さ、誤読、論旨の展開の拙劣《せつれつ》、もちろん英文の稚拙などをこれでもか、これでもかと突いてくる。なにしろこの先生、ケンブリッジの英文科を最優等の成績で卒業し、二〇代で著書を出版して賞を取り、三〇代半ばでプロフェッサー（日本と違って「プロフェッサー」と名の付く先生は各大学に数えるほどしかいない）となってのち、年に二、三冊の著書が出るという大変な人である。そんな先生に教えて頂けるのは光栄の至りだが、そのときは正直言って身体がもつかと思ったものである。議論（といっても、あちらが一方的にしゃべるばかりだが）が白熱すると、昼食も忘れて六時間に及ぶこともあり、解放されたときにはイギリスの薄青い太陽が、黄色く見えたものである。

しかしそれはともかく、コレッジでの男ばかりの生活（最近は女性を入れるコレッジも多い）と個人指導となれば、パブリック・スクール同様、同性愛が盛んになるのは仕方のないことで、すでに見たようにケンブリッジ使徒会はさながらソドムのごとき様相を示していたわけである。

とにもかくにもオックスブリッジでの学業生活を終えた紳士たちは、いよいよ社会へと巣立っていく。次章ではこのイギリス紳士たちのライフ・スタイルを探っていくことにしよう。

第二章　紳士のライフ・スタイル

イギリス紳士のライフ・スタイルと言ったって、紳士ならざる身の当方としては限られた範囲の知識と経験とを総動員して語るほかはない。ただし若干幸運なことに、前にも述べた留学中にたまたまゼミナールで席を同じくした人間に、あろうことかイギリスでもかなり名の通った家の跡とり息子がいて、ひょんなきっかけから親しくなったのである。

その後、時々旧交を温めたり、家に招かれて御家族とも親しくお話しする光栄を得たりで、どうにかイギリス紳士の実像なるものに触れるチャンスもあった。そのあたりの経験をも交えながら筆を進めよう。

紳士の衣食住

ところで、イギリス紳士というとやはり一つの固定的イメージがあるようだ。服装はアクアスキュータムやオースティン・リードのオーダー・メード、上等の革靴をはいて洒落《しゃれ》たネクタイに同色のポケット・チーフ、手には細くたたんだ傘（細くきれいにたたむのが専門の店がある）とダンヒルの葉巻。優雅な身ごなしと悠揚迫らぬ足どりで道を行く。まあ、こんなところだろうか。では実像はどうなのか。まずは衣食住の「衣」から見よう。

意外に質素な服装

あるとき、何の縁からかわからないが、イギリスの貴族のお屋敷に招かれたことがある。指導教官の先生の知り合いの方で、雑談の折に東洋の地から妻子持ちの留学生が一八世紀英文学の勉強に来ていると言ったところ、その貴族様がふとした気まぐれから、一度遊びに連れてこいとおっしゃり、それで招待された次第。

その話を聞いたときは正直言ってとまどった。貴族などという存在はうわさには聞き、本でも読み、絵でも拝見し、テレビでも拝んだことはあるが、実際に拝謁《はいえつ》の栄に浴したことなどまったくない。いくらお殿様の気まぐれで呼ばれたとはいえ、あまり見苦しい姿を見せてはなるまい。日出ずる国のエリートらしい立居振舞が要求されるであろう。失礼の段があって国辱ものとなるのは何としても本意ではない（こういうときは妙に愛国心が発露する）。大げさに言えばこんなことを考えて、眠れぬ日々を過ごしたのである。

それにしても、まず何より困ったのは服装である。日本を出るときには、まあ指導教官の家へ呼ばれるぐらいが改まった席だろうから、スーツの一着もあればと思い、トランクの底に入れてきた。大学へ初めて顔を出した日にはやはり緊張もし、失礼粗相のないようにとそのスーツを着ていった。指導教官の部屋がわからず、たまたま廊下で出会った掃除のおじさん風の人に尋ねたところ、あろうことかそれがめざす相手だったのである。これには面くらった。

イギリスのプロフェッサーといえば、どうしてもそれなりの格好を思い浮かべずにはいられない。ところが件《くだん》の先生、髪はボサボサの長髪、よれよれのセーターにコール天（古い言い方ですねえ。今風に言えばコーデュロイ）のズボン（これもパンツと言うべきか）、小さなリンゴをかじりながら廊下を歩いてきたのだから、これは間違えざるを得まい。

その後、いろいろな先生にも会い、それなりの人ともつきあったが、考えていたよりみんなラフな服装である。しかし今度は貴族である。高貴な身分、やんごとなきお方である。どうするか。

けれども、考えたところでどうなるものでもない。今さら上等の服を買うわけにもいかないし、借りてきた猫のようになるのも趣味じゃない。貴族といったって同じ人間じゃないか、人類皆兄弟だと腹をくくり、一張羅《いっちょうら》を着て出かけていった。

もよりの駅からタクシーで行くと、さすがに大邸宅である。敷地内で狩猟ができるというのだから想像を絶する広さである。家については後の機会に詳しく述べるとして、これじゃあ「ウサギ小屋」と言われても仕方ないなどと妙な感想を胸に部屋へ入った。やがて御当主が現れた。はっきり言って拍子抜けがした。

こちらが思い描く貴族というのは、昔のコーヒーのコマーシャルである。スコットランドのマクベスの末裔《まつえい》だか何だか知らないが、古城を住居として家族団欒《だんらん》のときにもきちんとスーツ着用に及び、執事のサーヴィスするコーヒーを優雅な手つきで飲み、鵞《が》ペンで手紙をしたため、家紋入りの判コで封をする、あの姿である。

だが、目の前に立っている人物の服装はと言えば、首廻《くびまわ》りがゆるく、袖口の毛糸がほつれ、ひじが擦《す》り切れたセーターを着て、ズボンの膝には継ぎがあたっている。庭師のおっさんがあいさつに来たのか（そんなはずはないのだが）と思ったが、にこやかな顔で手を差し伸べ握手を求めるところを見ると、紛《まぎ》れもない貴族様なのである。呆然《ぼうぜん》とするやら、ホッとするやらで、礼儀正しくとか、日本男子の名誉にかけてなどといった肩の張りは一挙に抜け、誘われるままにいろいろな話題に打ち興じ、まことに楽しいひとときを過ごさせてもらった（ある意味ではあちらのペースに見事にまきこまれたわけだ）。

その後、貴族はともかくとして、いく人かのイギリス紳士と親しく話をする栄に与《あずか》ったが、やはりどの人も皆一様に服装に構わず、きわめてラフな姿だった。三〇年ぐらい前に買ったセーターを今も着ているなんていう人物もいたのである。紳士は必ずしも燕尾服《えんびふく》に蝶ネクタイではないのだ。

繁盛する古着屋

ところで話はいささか逸《そ》れるが（今までもだいぶ逸れたが）、紳士に限らず、イギリス人は概して服装に構わず、身なりは質素、悪く言えばきわめて「ダサイ」のである。ロンドンの高級ブティックやらはともかく、街頭で普通に出会う人々はあまりオシャレではない。一部の女性を除けば、ほとんどが機能的で着やすい服を身につけ、時代遅れとも言えるような服を平気で着ている。そこへいくとさすがにパリは華やかである。センスのいい服をうまく着こなして、こちらの目を楽しませてくれる。別にブランド物の服を着ているわけではない。その点だけをとれば、かつての勤務先の女子大生のほうが上である。だがパリジェンヌは自分に合った服をうまく見つけて、それを生き生きと着こなす術に長《た》けている。それに比べるとロンドンはどうもぞっとしない。

この点については、わがイギリスの友に至言がある。いわく「イギリス女性は二〇歳までは天使、それを過ぎると魔女」。確かに若い子は美しい（ただし、これはイギリスに限らずどこの国でも一応美しい）。だが二〇歳とは言わぬまでも、若干年をとると、その凋落《ちょうらく》ぶりは目を覆うばかりである。一〇センチばかりの白ひげをたくわえたおばあさんなんていうのも、実際目にしたことがある。また一年間机を並べて勉強した同級生が、前から見ても、後ろから見ても、声を聞いてもついに性別が判明しなかったという経験もある。

そんな彼女らでも洋服やオシャレにいささかのセンスと気づかいがあれば、まだ救いが見出せるかもしれないのだが、どうもその点に関しては状況はまず絶望的である。

たとえば、イギリスの都市にはあちこちに古着屋がある。市民団体が活動費稼ぎに着古した服を集めて並べ、格安で売っているというのもあるが、レッキとした商売として繁盛している店も多い。何しろよく客が訪れて買っていくし、われわれの目から見るとこんなものがと思うような服を持ち込んで売っていく人もいるのである。資源の有効利用という観点に立てば立派だと言えようが、若い女性でもあまり気にせずに古着を身につける姿には、いささか当惑を覚えたものだった。しかしこう古いものを大事にするのでは、産業界の活性化もままならぬだろう。イギリス病もまたやむなしなどと考えたこともあった（ただし今のイギリスは景気がいい）。

さてとにかく、女性だけでなく、子供も、そして男性も、紳士も貴族も、日常の服装は概して質素かつ地味である。セーターは擦り切れるまで着るし、ズボンは膝に継ぎがあっても気にしない。コイン・ランドリー（「ローンドレット」と言う）の洗濯物を見ると、雑巾と見紛《みまが》うような下着、靴下が山のようにある。シティあたりに通う紳士も、流行など超越したスーツを十年一日のごとく着ている。

ケチの精神

だが考えてみれば、こういう社会は案外気楽なものである。もともとイギリス人は他人のことにあまり干渉しない（あるいは気にしないふりをする）から、こちらはどんな格好をしようとも妙な視線を向けられることがない。流行遅れの服を着ようが、ネクタイの幅がどうであろうが、当人がよくて着ていれば問題ないのである。

しかしながら、普段は身なりに構わない紳士といえども、正式のパーティーや重要な行事の際には見違えるばかりにきちんとした格好でお出ましになる。一、二度そういう機会に出くわしたことがあったが、さすがに見事な着こなしで、威風堂々あたりを払うとはこのことかと感じ入ったものだ。魔女ならぬ淑女にしても、顔《かんばせ》はさておき、容姿全体を遠目に拝察すれば感動ものだった。紳士たるもの、日頃はいざ知らず、ＴＰＯはわきまえるのである。

18世紀の紳士の肖像

ところで服装に関してさらにつけ加えるならば、長い間同じ服を着られるということは、それだけ服が丈夫だということでもある。イギリス製品については、ドイツ同様、丈夫で長持ちが昔からの定評だった。近頃では職人の質も落ち、大量生産の弊害もあって、昔に比べて随分粗悪なものが増えたと言われるが、それでもそこそこの値段のものは丈夫、頑丈堅牢《けんろう》である。これまた私事にわたって恐縮だが、一〇年前にイギリスのデパートで買ったバス・タオルは、つい先頃までわが家の湯上がりタオルとして日夜愛用されていた。

またイギリス製品はアフター・サーヴィスに関してもなかなかのものである。三〇年前に買ったヒゲそりの部品が今でも揃えてあるし、モデル・チェンジとともに部品もなくなるといったことはない。

つまり、紳士の服装にしても、いいものを長く着ようとするから、ちょっと見には貧弱そうに映るだけなのだ。間近でじっくり観察してみると、素材のいい長持ちのする服を実にさりげなく着ているのがわかる。やみくもに新しいものを求めるのではなく、気に入ったものを愛用する、これはある意味ではケチの精神の表れとも言えようが、同じケチでも飲み屋の勘定のときに決まってトイレへ行くケチとは質を異にするのである。

さりげないオシャレ

そしてこのケチの精神とは、合理的な精神だと言いかえることができるかもしれない。たとえば、イギリス紳士の愛用するツイードのジャケットは、着れば着るほど味わいが出てくるし、身体にもよくなじんでまるで自分の肉体の一部であるかに感じられるようになる。実際、間近で見たある大学のプロフェッサーなどは、ツイードのジャケットをほれぼれするぐらいにうまく着こなしていた。これは一朝《いっちょう》一夕《いっせき》でできるものではない。

もちろん長く着ていれば袖口やひじの部分は薄くなるし、破けもする。すると革製のパッチを当てて着る。これが何とも言えず、憎らしいくらいによく似合うのである。いよいよどうにもならないほどになったら、どうするか。心配無用。古着屋さんがあります。

こんな風に書いてくると、イギリス紳士はチャーチルの時代から、いやディケンズの時代から、まったく同じ服装をしているかのごとく思われる向きもあるかもしれない。さながら、時の流れを止めたかのごとく。むろん、そんなことはない。流行に対しても一応の反応はする。スーツの襟幅《えりはば》だって、ネクタイの幅や柄だって、ズボンのタックにしたって、ある程度の変化はある。ただ、やみくもに流行を追わないだけなのだ。

そうしてもう一つ大事なことは、彼らが無造作に、さりげなくオシャレをしている点である。これについては前にとりあげた生粋《きっすい》のイギリス紳士ダグラス・サザランド氏（第一章参照）の巧みな説明がある。

紳士は最小限のアクセサリーしか身に着けない。一般に「カルティエ・セット」と呼ばれているもの――金のライター、金のシガレット・ケース、鰐革の紐のついた懐中時計、などなど――を持ち歩いているのは、競馬のノミ屋か詐欺師だと見なされる。紳士はライターの代わりにスワン・ヴェスタ印のマッチを持つ。……現在でもある場合には懐中時計の鎖をつける紳士がいるが、この習慣はサー・ウィンストン・チャーチルの死去以来下火になってしまった。彼はいつでもその鎖をつけていたが、そのデザインたるや大抵の紳士の目から見ると、洋品商で財をなした成りあがりにむしろ似合っているようなものだった。しかし、そうは言うものの、チャーチルは完全な紳士ではないのだから、という紳士も数多くいる。

さりげないオシャレこそ紳士にふさわしいのである。だが、言うはやすく行うは難《かた》い。「要するに紳士は、いちばんお古の服を着ていても、着こなしよく見え、群を抜いて光って見える」というのだが、これくらい難しいことはない。高級品で飾り立てるのは簡単だが、こういうシブさはやはり年季がいるのである。

料理に絶望した民族？

昔からイギリス料理はまずいものと相場が決まっている。イギリス人は料理に絶望した民族などとも言われている。確かに僕もあまりうまいと思わない。留学中においしいと思ったのは、卵とポテトとマッシュルーム、それにパンだった。これで一応は最低限の食欲は満たせる。しかし毎日これだけですませるわけにはいかないだろう。おいしいもの、ちょっと変わったものが食べたければ、中華料理かイタリア料理、少し奮発すれば日本料理ということになる。

現代の日本には各国のありとあらゆる料理が入りこんできて、それぞれ専門店が軒をつらねている。『東京・大阪フランス料理店ガイド』『おいしい中華料理店』『グルメのための お勧め各国料理』などというのがやたら出ているし、最近では『全国ラーメン店番付』などというすごいのもある。繁華街を歩けばフランス、イタリア、ドイツ、中国、スペイン、ギリシア、ベトナム、インド、タイ、韓国、あげくの果ては無国籍料理なんていうのまである始末。

ところが、イギリス料理と銘打った店は、寡聞《かぶん》にして知らないのである。ついでに言えば、オーストラリア、ニュージーランドという、イギリス圏の国の料理屋もない(アメリカはマクドナルドというすごいのがある)。やはり商売が成り立たないのか。

イギリス料理でおいしいものというと、まずたいていはローストビーフである。そしてこのローストビーフ専門店というのは存在する。ただし僕の家の近くにあったわりと名の通ったローストビーフ専門店(名誉のために特に名を秘す)は、お客があまり入らず、閉店してしまった。やっぱりそうそう食べたいものではないのだろう。あれは立食パーティーの花にとどまるのである。

もちろん、イギリス料理はなかなか味わいがあっておいしいという人もいる。味覚は様々だし、条件次第で味も変わるから一概には言えない。イギリスの家庭料理は素朴でうまいものだという声も聞いた。ロンドン動物園で食べたサンドイッチは絶品だったと丸谷才一氏が書いているのを、どこかで読んだ記憶もある。しかし、こうした少数の例外は別として、圧倒的多数の人間がイギリスの料理はうまくないと断定するのである。そしてその中には当のイギリス人自身が含まれているのだ。

朝食が一番おいしい

よく言われるように、イギリスで一番おいしいのは朝食である。「イングリッシュ・ブレックファースト」というのは、かりかりに焼いたトーストに卵と、これまた焦げているのではないかと思われるくらいに焼いたベーコン、さらにオートミールやトマトなどのつくヴォリュームたっぷりの朝食である。ロンドンのホテルなどではアメリカ流の経営に影響されてか、こうしたイギリスの伝統的朝食を出すところが減りつつあるが、いわゆるB&Bという朝食つきの簡易旅館では今なおこの手の朝食を出すことが少なくない。また一般家庭でも徐々に簡素化しつつあるものの、やはり朝はこれに限るというところも多い。先に述べた貴族様のお屋敷でも当然この豪華な「イングリッシュ・ブレックファースト」だったし、紳士の御家庭でも同様である。

だが、朝食のおいしさに比較して昼食、夕食となると、これはもう質素を通りこしていささか情けなくなるときもある。だからサマセット・モームによると、「イギリスでおいしい食事をしようと思うなら、毎日朝食を三度食べなければならない」のである。

知り合いのプロフェッサー（当然、イギリス紳士の範囲に含まれる点、日本とは若干異なる）は、朝食は伝統的なイングリッシュ・ブレックファーストを食べるが、そのあとはまことにささやかである。昼食はよほどのことがない限り、大学近くの「フィッシュ＆チップス」である。すでに御承知かと思うが、これは鱈《たら》のフライ（お好みでヴィネガーをかける）とフライド・ポテトを新聞紙（高級紙『タイムズ』より大衆紙『サン』などで包むと美味という妙な説あり）や粗末なワラ半紙に包んでもらって持ちかえるという、イギリス庶民の大好きなテイク・アウト食品。ただし、イギリスのどこの町へ行っても辻々に必ずあったこの種の店が、最近ではイタリア資本のピザ屋にどんどん変わっている。フィッシュ・アンド・チップスは僕も好きで食べたし、家へ持って帰って醬油《しょうゆ》をかけると、天ぷら風でなかなかおつなものだった。しかし、週に三日も四日も食べたいと思うものではない。あるとき、ぶしつけながら飽きませんかと訊いたら、「イヤ、わたしはこれを愛しておる」と答えたイギリス紳士がいた。イギリス人の一〇代の五〇％は「週に五回」フライド・ポテトを食べるそうだから、別に驚くにはあたらないかもしれない。

一方、紳士を含めてかなりの人々が昼食をとる場所としては、例のパブがある。ロンドンはシティの金融街では昼どきになると、ビール片手にライ麦パンのサンドイッチをほおばる人々が無数に見られるのである。

ちなみに、イギリス人がサンドイッチを好むことは尋常ならざるものがあり、イギリスのおのぼりさんに人気のあるロンドン観光案内『涙なしのロンドン・ガイド』（直訳するとこういう書名になる。要するに、いかに効率的かつ有益にロンドンの観光をするかを教えてくれる、愉快でまことに親切なガイド）を見ると、昼食はどこそこの店へ行ってサンドイッチと判で押したように書かれている。

さてこれが、紳士予備軍の一角を占める大学生となると、さらにひどい。リンゴ一個にチョコレート・バー一本などというのがわりと普通なのである。やはり料理に絶望した民族なのだろうか。

ティーとディナー

イギリス人は夕方四時頃になるとお茶を飲む。いわゆる「ハイ・ティー」、あるいは単に「ティー」とも言われるものだ。最近ではコーヒー党が増加して、紅茶を飲む人が減りつつあるが、それでもこれは「ティー」と呼ばれる。

この習慣の由来やら背景については、出口保夫氏（『午後は女王陛下の紅茶を』東京書籍）や、角山榮氏（『茶の世界史』中公新書）の著書を是非参考にしていただきたいが、ともかく名前は「ティー」でも別にお茶をするだけでなく、軽い食事を一緒にとるものなのである。通常はビスケットやクラッカー、ケーキぐらいだが、僕の知り合いの家ではかなりヴォリュームのあるパイがよく出た。朝食をいかにたっぷり食べても、昼が簡単だから、この頃にはかなり空腹である。したがっておいしく食べた記憶が残っている。ただし、わが娘が通っていた幼稚園では、毎日のティーの時間に決まって食パン一枚と飲み物が出るだけで、さすがにその変化のなさにあきれたものだった。

さていよいよ夕食、ディナーである。一八世紀ぐらいまでは一日に二食しか食べないというのも普通だったので、庶民はいざ知らず、紳士方はかなり豪華なディナーをとることも多かった。特に産業革命以後の上流階級の家では、フランスから多くのシェフが雇われるようになり、凝った料理が出されることになる。ただしそれは言うまでもなくフランス料理である。また毎週一回ぐらい開かれるディナー・パーティーでは、食事の準備に丸一日かかるようなこともあったというから、まんざら絶望ばかりではないのである。

しかし、こうしたケースはあるにしても、僕の限られた範囲での見聞からすれば、イギリス紳士の夕食というのは概して質素である。もし仮にある紳士がきわめて真面目かつ几帳面《きちょうめん》な人物で、夕食はほとんど家で食べるとすれば、肉料理が食卓に乗ることは週に一回か二回、それも値段の安い鶏である。あとはポテトや豆類。魚にしてもそう種類があるわけではなく、前に述べた鱈とか、キッパーと呼ばれる鰊《にしん》の燻製《くんせい》（朝食に食べる人もいる）が主である。僕の知っているある人物（年齢は五〇歳。オックスフォードを出て、ある銀行の支店長をやっており、ロンドン郊外にかなりの広さの屋敷を持っている。メイドもいる）なども、夜の八時頃に食べる夕食は、ほとんど毎日、パンと野菜スープ、豆にポテトぐらいだった。たまにソーセージなども食べたようだが、日本のようなポークあらびきウィンナ・ソーセージなどというものではなく、ナイフで切ると脂がにじみ出て、冷《さ》めるとほとんど食欲をそそらない、くず肉でできたようなソーセージである。

この程度の食事で、あの大きく丈夫な身体をよくも支えられるものだと不思議に思ったが、その後いろいろ訊いたり見たりして若干納得することもあった。一つは、先ほど述べたティーの習慣である。四時か五時頃に軽い食事をとるのだから、夕食時には空腹でたまらぬということがない。第二に、スナックやら果物をしばしば口にするので、適度に空腹感が満たされるのである。立派な身なりの紳士がロンドンの街頭をプラムやお菓子を食べながら歩く光景は、案外たびたび目にするものである。第三に、これは僕の独断と偏見が多分に含まれるが、やはり食料品の種類が限られていて、味ももう一つだし、調理に工夫を凝らすという意欲が見られないこと、要するに食べることにあまり興味がないのではないか（その点ラテン系は貪欲《どんよく》である）。そして第四に、日本流に言えば「武士は食わねど高楊枝《たかようじ》」、紳士道と武士道とは相通ずるものがあるかもしれないなどと思ってみるのだが、これは美化のし過ぎかもしれない。

ところで、食べるほうにはあまり興味を示さない代わり、飲むとなるとイギリス紳士も目の色が変わるようだ。

紳士と酒

イギリス人の飲み助となると真っ先に頭に浮かぶのはフォルスタッフである。シェイクスピアの創造した人物の中でも一、二を争う有名人。憂い顔の貴公子ハムレットより、ずっと庶民に愛されることが多い、古今東西無類《むるい》の喜劇的人物である。大兵《だいひょう》肥満の老人、サー・ジョン・フォルスタッフと言われる通り騎士の身分だが、武勇のほうはからっきしダメ。それでいて大ボラを吹きまくり、ウソをつき、女を追っかけ、口からはさながら機関銃のごとく機知に富んだ言葉が出る。エリザベス一世が大いに気に入られたというこの男が、無類の酒好きなのである。

フォルスタッフが珍妙な活躍を見せるのは『ヘンリー四世』第一部。そこではほとんど全編酔っ払って登場する。遊び仲間のハル（のちのヘンリー五世）の言葉を借りれば、

大酒は喰《くら》いやがる、晩飯がすみゃ、ボタンははずしたがる。午後は午後で、ベンチの上でグーグー眠りこけてやがる。おかげで、貴様、頭がバカになったらしいな。真実知りたい時間を聞くことさえ、忘れてやがる。だいたい昼間の時間なんてのに、貴様、なんの用がある？　時間が酒で、分、秒が鶏肉で、そして文字盤が淫売屋の看板で、それにまたあのお太陽様《てんとさま》が、これまたテラテラ光る真赤なタフェタでも着こんでな、さかりのついた淫売、女郎とでもいうなら別だが、そうでもなきゃ、貴様が昼間の時間を聞くなんて、へん、笑わせやがらァ、余計なこった。

（『ヘンリー四世』第一部、中野好夫訳）

何しろフォルスタッフの飲む量たるやものすごい。「葡萄酒《サック》五ガロン、夜食後にヒシコと葡萄酒」というのである。

しかし、フォルスタッフは架空の人物であり、いくら「サー」の称号がついていて

も、どうも紳士とは認めにくい存在である。

では時代を下って一八世紀後半、実際に存在した人物で、しかもフォルスタッフと同じくらいイギリス人に愛されている紳士、サミュエル・ジョンソンはどうだろうか。ジョンソン。通例ジョンソン博士とか、ドクター・ジョンソンと呼ばれる。これまたフォルスタッフ同様、酒で太ってしまったような人物である。ただし、フォルスタッフとは違って知性と教養に富み、独力でイギリス最初の本格的英語辞典を著した。イギリス人のいる席でどんなに座が騒々しくても、「ジョンソンいわく」と言うと皆が静かに謹聴するというぐらい敬愛されている人物である。

生まれは紳士ではないが、努力によって紳士と同じ、あるいはそれ以上の地位を得たジョンソンだが、この人がまた大変な酒飲みだった。

ジョンソンにはボズウェルという押しかけ弟子がいて、このボズウェルがほとんど四六時中師匠《ししよう》のそばを離れず、「先生がこう言った、ああ言った」という具合に片言《へんげん》隻句《せきく》をすべて書き留め（たまらない奴でしょう）、それをもとにして『ジョンソン伝』なるものを著した。現在のわれわれはこの伝記によってジョンソンの一挙手一投足《いっきょしゅいっとうそく》を、さながら現場にいあわせたかのごとく知ることができるのだが、この師弟が酒を飲むこと尋常ならざるものがある。とにかく毎晩のように酒を浴びるほど飲み、千鳥足で御帰館になるのは夜も白々と明ける頃だったという。

しかし以上のような例は特殊として、一般にイギリス紳士の飲酒はどの程度なのだろうか。

紳士の飲みっぷり

たびたび登場願うのでいささか恐縮するが、ジョウ・イーストウッドの『100%イギリス人』の中から酒に関するものをいくつか抜き出してみよう（ちなみにこの本、セックス関係がやたらと多く、ついついそちらにばかり目がいくのだが、論旨の都合上、それは引用するわけにはいかないのがちょっと残念）。

イギリス人の4%は、平日の昼食にビールを飲んでいる。

イギリスでは、18～24歳の女性の5%が大酒飲みである。

サミュエル・ジョンソン

イギリス人女性の5％は、二週間に一度の割りで二日酔いしている。

イギリス人の7・5％は、「真の男性は一度に数パイント（1パイント＝0・568リットル）のビールを飲み干すことができる」という説に賛成である。

日常的にアルコールを飲んでいるイギリス人の15％は、ワイン・バーでウィスキーを飲む。

イギリスでは、男性の20％が大酒飲みである。

イギリスの労働者階級の40％は、ドライバーには酒を飲ませない。上流階級でそうする人はわずか19％である。

イギリスでは、成人の93・4％がアルコールをたしなむ。

統計というのはもちろんいつも真実を語るとは言えない。それに「大酒飲み」といっても、どの程度が大酒飲みなのか、ここからはわからない。「アルコールをたしなむ」がどのレヴェルを指すのか、これまた不明である。しかも、ここでは「一般イギリス人」が調査対象なので、本書のテーマ「イギリス紳士」の飲酒傾向が浮き彫りにされてもいない。

したがって、何だか原稿枚数を増やしただけと思われるのだが、ただ一つ面白いのは最後から二番目である。つまり、紳士を含む上流階級が酒に関してはかなり鷹揚《おうよう》だという点である。

もちろん、労働者階級にしてもイギリス人はよく酒を飲む（日本人もそうだが）。パブでうだうだ飲んでいる連中はずいぶんいるのだ。しかも昼食時にビールを飲む人が多いのである（まずい昼食を流しこむにはビールが一番という説もある）。さらに、酔っ払い運転が比較的大目に見られるせいか、少々飲んでも平気で車を運転するのである。だから、次のような話もある。

イギリスでは厳しい営業規則があって、普通は午後一一時でアルコール類を出さなくなる（ディスコでもこれを守っているのにはビックリした）。ところがある村ではほかよりも三〇分遅くまでパブを開けていた。それで一〇時半になると、メートルのあがった連中が車にとび乗って、その村までぶっとばしたという。

なぜ酒を飲むのか

さて紳士ともなるとまさかそんなことはあるまいと考えるのだが、どうしてどうして、むしろ労働者階級よりよく酒を飲むのである。たとえば、ロンドンの金融街シティのパブでは、ビール片手にサンドイッチを頬張《ほおば》る紳士の姿があちこちで見受けられる。また夕闇迫る頃となると、会員となっているクラブ（イギリスのクラブと紳士との関わりについては後で詳しく述べる）に行ってワインやらブランデーを飲みまくる紳士も多いのだ。

こんな事情だから、次のようなジョークも生まれるのである。

おせっかいな教区民たちが主教を訪ねてきて、彼らの牧師について苦情を申し立てた。

その苦情とは、牧師の家から毎週出されるくずの中に、ウィスキーびんがたくさんまじっているというのだ。

「ウィスキーのびんだって」と主教はショックをうけたように叫んだ。「そいつはいけない、注意してやりましょう。びんとは！　とんでもない話だ。わしはウィスキーは樽で買うことにしてるんだ」

イギリス紳士の栄光の一角を担《にな》い、宗教界を統率する主教自らが、ウィスキーを樽で飲んでいるとはケシカラン、などと目くじらを立てるものではない。筆者の母校上智大学では、学生食堂でビール、日本酒が堂々と売られており、イギリス人神父の教授が、一杯ひっかけて教室に現れることも稀《まれ》ではなかった——ただし、この点カトリックは寛大だが、プロテスタント、中でもピューリタン系は、その名の通り純粋をモットーとして酒には厳しい。かつての勤務校の兄貴分同志社大学では学内で酒は売られていない。華やかな学園祭の模擬店に酒がない光景は、いささか無気味である。なお、イギリス国教会、すなわちアングリカンは、出発点はともかく教義的にはカトリックに近いため、カンタベリーの大主教だって酒には寛容である。

かくしてイギリス紳士は、ウィスキーやらシェリーやらジン・トニックやらを大いに楽しむわけだが、ここで一つだけ大事なことは、彼らがかなりの量のアルコールを摂取しても前後不覚になったりせず、きちんと居ずまいを正していることである。もちろん、たくさん飲めば酔うだろう。しかし、体質によるのか体格によるのか、はっきりしないが、崩れた姿を見せることがあまりない。

イギリスのあるプロフェッサーのお宅で行われたパーティーでは、夜の八時から深夜の二時ぐらいまでほとんど立ちっ放しでワインやらウィスキーを飲んで談笑した経験があるが、集まった教授連の誰一人としてつぶれることもなく、まことに和気あいあいと楽しい時間が流れていった。しかも若かりし僕の方がくたくたになったのに対し、壮年を通り越して老境にさしかかったジェントルマン・プロフェッサー連は、翌朝一番の授業にさっそうと現れたのである。「酒を飲む理由は二つある――一つはのどがかわいているとき、つまりそれを癒《いや》すため。もう一つはのどがかわいていないとき、つまりのどがかわかないように」(諷刺詩人トマス・L・ピーコック)。これをモットーとする紳士になるには、並外れた胃腸と体力とが必要なようだ。

紳士は田舎に住む

「紳士は普通都会に住んでいるものではない。自分と家族にとってどんな不便をもいとわず、田舎に、しかも田舎の限られた場所にしか住みたがらない」(ダグラス・サザランド前掲書)。

元来、生粋《きっすい》のイギリス紳士といわれる種族は、この言葉の通り、都会ではなく田舎に住んでいるものだった。しかもサザランド氏に言わせれば、できるだけ「辺鄙《へんぴ》な土地」に住んでいる方が望ましいというのである。

ロンドン周辺の諸州は通勤人口を抱え、住宅開発計画が進み、狐が消えてしまったから、もはや紳士の生活には適していない。暖房のない通勤列車とか鉄道ストライキとかの苦痛に苛《さいな》まれている隣人たちを見ていれば、たとえ自分自身はそれに無関係だとはいえ、精神の平穏を乱されてしまう。紳士はシティ区で株やら取引やらでうつつを抜かしたり、恩知らずの株主のために会社経営をやったりしないでも、自宅でやる仕事がどっさりある。紳士はホッグスノートン・イン・ザ・ウォルドとか、ブリスタリング・アンダー・ウィッチウッドとかいった名前の辺鄙な土地に住み、『タイムズ』が一日遅れて配達されると愚痴をこぼすのが好きなのだ。

例によって人を喰《く》ったような筆致なので、うそかまことかわからないのだが、ポイントはまさにこの通りである。

今日の紳士は数も増し、それにともなって都会で仕事に励む層もずいぶん広がったようだが、もともとの紳士というのは一年のうち八ヵ月ぐらいを田舎の屋敷で過ごすものだった。するとここで疑問が湧《わ》いてくる。第一に、そんなに長期間田舎暮らしをするとすれば、生計はどうやって立てるのかという問題。第二に、それほどの長い時間を何をして過ごすのかという問題。大雑把に言ってこの二点である。

　第一の問題。今となっては紳士階級にもピンからキリまであるが、基本的には生計の道を自らの額に汗して働くことに求めずとも、十分に食べていける階層である。その中心をなすのは、もちろん地主階級で、先祖伝来の土地を小作人に耕させてそのあがりで食べてゆく。あるいは土地や家作を賃貸して大きな収入を得ることもできる。もう少しみみっちくなると、親や先祖の遺産で食べてゆくというのもいる。いずれにしても、一生懸命働いて財をなすなどというプロテスタンティズムの労働倫理とはかけ離れた位置にいる人間なのである。先ほどのサザランドの言葉を再度借りれば、「紳士はシティ区で株やら取引やらでうつつを抜かしたり、恩知らずの株主のために会社経営をやったりしないでも、［田舎の］自宅でやる仕事がどっさりある」のだ。

　紳士というのはあまりお金のことに口出ししない、会社に勤めたり商売に手を出したりすることは、はしたない行為だと言われる。朝から夕方まで必死で働くのは紳士ではない。紳士とはあり余るほどの時間をもち、生産的労働は卑しいものだと見下し、のんびり優雅に暮らすものである。それには田舎に一年の大半腰を落ち着けるのが最もふさわしいというのである。

金や労働を重視しないというのは、逆に言えば、そんなものに頓着《とんちゃく》しなくても十分生きてゆけるという、持てる人間のゆとりの表れではないかと、持たざる身のこちらは考えてしまうのだが、近頃では紳士様も手もと不如意《ふにょい》のゆえに、銀行などにお勤めの方がだいぶ増えているようである。だがそれでも依然として、一般会社に勤めるよりはパブリック・スクールの教師として一生を捧げる方が、紳士の身分にふさわしいと考える人も多い。

いずれにしても、『有閑階級の理論』（高哲男訳、ちくま学芸文庫）の著者ヴェブレンが言う通り、紳士にとって必要なのは「暇な時間」であって、それは怠惰やだらしなさの表れではなく、「時間を非生産的に消費すること」なのである。

紳士は何をすべきか

そこで第二の問題。そのあり余るほどの時間を、紳士は何をして過ごすのか。

すでに述べたように、紳士は基本的に田舎に住んでいるものである。そして彼らの住む屋敷は通常カントリー・ハウスと呼ばれるが、これはきわめて宏大《こうだい》な敷地にまるで宮殿のような家屋敷が建っているもので、部屋数にしても何十とある。かつてはそこに数十人の召使いがいて、料理、洗濯、掃除、ベッドメーキングなど、ありとあらゆる雑事を引き受けていたのだが、今ではそんなお屋敷も少なくなっている。しかし、由緒ある紳士方のカントリー・ハウスの敷地には庭園や池はおろか森や小川まであって、単調なはずの田舎暮らしに色どりを与えているのである。

そこで、紳士の暇《ひま》つぶしによく行われるのが乗馬や狩猟である。馬に乗るのは紳士の祖先である騎士にとっては当然のたしなみで、今でも馬を巧みに乗りこなしてポロなどのゲームに出場する紳士も数多いようだ。

一方、狩猟の方は一九世紀半ばぐらいからかなり大衆化されたため、紳士の特権とは言えなくなった。というのも一八三一年に狩猟法が改められて、以後中産階級でもかなり多くの人間が狩猟を行うようになったからである。それまでは狐《きつね》狩りやうさぎ狩りというのはもっぱら紳士階級の中心である地主たちの楽しみで、多くのお伴を連れて大名さながらに狩猟するのが普通だった。ところが一九世紀後半になると、ある人の言葉を借りれば「狐狩りがあらゆる階級を一緒にする」結果となって、都市や田舎の中産階級がわれわれもと狩猟を行うようになる。言い換えれば、ヴィクトリア時代、大英帝国華やかなりし頃、みんなが紳士のライフ・スタイルを模倣して狩猟へと走ったのである。

けれども今日では再び、狩猟の楽しみは一部の上流階級の手に戻りつつあるよう

紳士の暇つぶし

だ。しかも何度も言うように、紳士の地位が相対的に低くなりつつある状況では、広い領地で狐狩りに精を出すなどという道楽は、一部の紳士にしか許されなくなっているのである。

さて、乗馬と狩猟だけではありあまる時間の処理に困る。紳士らしく「無為に」時間を潰す方法はほかにないか。

一九世紀初めのいわゆる「摂政時代《せっしょう》」、つまり国王ジョージ三世が御病気で、代わりにプリンス・オブ・ウェールズ（のちのジョージ四世）が政務をとられていた時代は、紳士の威光さんさんたる頃だが、このときの紳士の日常生活を活写した『享楽の人』という本によれば、紳士は起床するとベッドでごろごろしながら新聞を読む。やがてのんびり朝食をとったのち散髪に出かけ、あとはパーティーやディナーに赴《おもむ》く。夜になって帰宅すると、酒をまた飲んでギャンブルを楽しみ、深夜には床につく、この繰り返しだという。

何とも気楽と言えば気楽、退屈と言えば退屈なものだろうが、そんな彼らにとって若干心ときめくのは、定期的に行われるダンス・パーティーや仮面舞踏会だった。この頃の田舎の紳士階級の暮らしぶりが手にとるようにわかる女流作家ジェイン・オースティンの小説を読むと、ともかくパーティーやら人を呼んでの音楽会、舞踏会が頻繁にあるのもなるほどとうなずけるのである。

しかしディナーやダンス・パーティーだとて、年がら年中同じ相手、同じ顔触れではやはり飽きがきてしまう。だとすれば、時には変わった遊びをして暇つぶしを試みなければならない。その一つとしてよく行われたのが、馬車を自ら走らせてスピードを競ったりすることだった。普通なら紳士は馬車に乗っても悠然と座席に腰を下ろし、運転の方は御者に任せておくものである。それを自らやってみるというのだから、これは言うなれば、江戸時代の殿様が魚屋に身をやつして市井《しせい》の事情を探るのに似ている。事実、エイルズベリー卿なる人物の何よりの希望は、タクシーの運転手に

「シーズン」のにぎわい

なりたいというものだったそうだ。

しかし、そのためには都会で生活することが必要になる。では紳士は、都会に出てくることはどのぐらいあるのか。そして都会においては何をするのか。

社交の場、ロンドン

一年のうち約八ヵ月ほどを田舎で暮らす紳士が都会に出てくるのは、イギリスの長い冬が明けて春になった頃である。したがって紳士階級が議席の多くを占める議会では、かつてはこの春から夏にかけてが会期となることが多かった。

ところが、議会での審議などとい

うのは、どこかの国と同様に名ばかりのことであって、田舎暮らしの紳士がロンドンへ出てくる第一の目的は、社交と遊びに決まっている。だから、ロンドンの春から夏は昔から「社交季節」（通称「シーズン」）と言われて、一年でも最も賑《にぎ》やか、かつ華やかな時期となるのである。

初めの頃はこのシーズンのために、紳士はロンドン市内に家や部屋を借りたり、宿屋やホテルに長期滞在していたが、これでは何かと不便かつ不経済だというので、やがて家を一軒構えて、シーズン期間中のみそこを使用することになる。普通これはカントリー・ハウスに対してタウン・ハウスと呼ばれたが、これとてもなかなかに豪華なものだった。何しろ今ではそういう家がホテルに改装されたり、クラブ・ハウスとして十分機能したりしているのだから、その規模は並大抵のものではない。

そこに奥様や、子供たち、さらに召使いなどを伴って滞在し、音楽会や芝居見物、ダンス・パーティーや仮面舞踏会、賭博《とばく》等々、目いっぱい遊興の限りを尽くすのである。あるいは、ロンドンの最新流行のモードを目を皿のようにして追いかける奥様の付き添いも、欠かすことのできない義務だった。いやそれどころか、紳士の方も流行のファッションにまったく無関心とは言えなかったのである。なぜなら、都会の社交界では田舎暮らしのような気楽さとは別に、やはりそれなりの身づくろいが要求されたからである。

リゾート都市、バース

ところで、イギリスの夏は八月も中頃となると秋風どころか妙に寒い日も現れてくる。そしてこの頃には紳士方もそろそろロンドンの滞在を終えて、田舎への帰り仕度を始めるのだが、今から二五〇年ほど前の一八世紀半ばには、新たなブームがイギリス紳士の心をとらえていた。すなわちリゾート都市バースでのヴァカンスである。

かつて日本とヨーロッパの暮らしを比較して、その余暇時間の違い、特にヴァカンスの長さにいかに開きがあるかが指摘されたことがあった。いくら高度成長を遂げたといっても、日欧の生活水準には大きな違いがある。その一つが夏のヴァカンスの長さであって、ヨーロッパ人は三週間、四週間と長期の休みをとるが、日本人はせいぜい四、五日の盆休みが関の山ではないか、というのがまあ大雑把な内容だった。

別にそんなのはどうでもいいことではないか、お互い好き勝手な生き方でどこが悪いと僕などは思ったものだが、その後さらに日本は発展を遂げてますます豊かになり、今ではヴァカンスも二週間近くになっている。

しかし考えてみれば、日本がまだ貧しかった頃にも、いわゆる上流階級、金持ちの有閑階級は家族揃って二週間、三週間を、軽井沢や有馬で過ごしていたのだから、一概に違いを言い立てることもないだろう。ただし一般大衆レヴェルでのヴァカンスの長さにはもちろん今でも相違はあるのは事実だが、これとてもお互いのレジャー観、労働観の違いなど、いろいろ考えあわせなければならない問題は多い。

さてそれはともかくとしてバースである。ロンドンから西へ電車で約一時間あまり、イギリス西部の大都市ブリストルのすぐ近くに位置するこの町は、古くは古代ローマ時代から温泉が湧き出ることで有名だった。

イギリスというと何だか温泉とは無縁のように思うかもしれないが、そんなことはない。各地にかなりの温泉があって、例の温泉卵まであったということは資料にも残っている。

そうした温泉町の中でも特に有名なのがこのバースで、一七世紀後半からは保養客がずいぶん訪れてそこそこの賑わいを見せていた。

温泉治療というのは、日本でも同様だが、割合に長逗留《ながとうりゅう》になるものである。毎日のんびりと湯につかり、新鮮な空気と山の幸を味わって身も心もリフレッシュというのが昔からのパターンである。ただし近頃の温泉ブームでは、ギャルたちが一日二日騒々しく荒らしまわって去っていくというのが普通のようだが、志賀直哉をもち出すまでもなく、やはり一週間やそこらはゆっくりするのが当たり前だった。

一七世紀末から一八世紀のバースも、温泉町としてこうした長期滞在の紳士淑女方を迎えて、それなりの繁栄を見せていたのだが、それにふさわしいだけの宿泊施設、交通の便、さらには長い休みを楽しく過ごすための装置に欠ける点が多々あった。

ところが一八世紀半ばには、この一温泉町がロンドンに次ぐファッショナブルな都市、一大リゾート地として、その名をイギリス中に鳴り響かせることになる。ちょうど夏の軽井沢が、東京の原宿、六本木並みの混雑、賑わいをみせるのと同様、バースも単なる温泉地ではなく、一大社交都市となって、貴顕《きけん》の紳士淑女による「バース詣《もう》で」が始まるのである。

こうした変化をもたらすのに大きな功績のあった人物がリチャード・ナッシュ、別名「伊達男《ボウ》ナッシュ」という男で、もともとは賭博のあがりで日々をうっちゃっていたのが、ひょんなことからバース市の社交界をとりしきる「儀典長」（マスター・オブ・セレモニー）となり、この町を訪れる人々がより快適に、より楽しく滞在できるようにと、様々の演出を行ったのである。

その詳しい様子とナッシュの人となりについては他の場所にも書いたので（拙著『地上楽園バース――リゾート都市の誕生』岩波書店）、御興味がおありで御用とお急ぎでない方は、できればそちらを御覧いただきたい。

いずれにしても、温泉につかって保養にいそしむだけがもっぱらだった町が、舞踏会や音楽会が定期的に開かれて、殿方、奥様方が長期滞在しても十分に満足できるだけの施設や環境が整ったために、ロンドンでのシーズンを終えて田舎へ帰る前に、バースにしばらく逗留することが紳士たちの間で流行となったのである。

押し寄せる大衆化の波

ところが、上流階級の優雅な社交地も、その名が全土にとどろくようになれば、紳士ならざる一般庶民が大挙して押し寄せることとなるのは必定。大正期には限られた層の避暑地だった軽井沢が、今では大衆化したのと同じことである。バースも一八世紀後半にはこうした大衆化の波に洗われることとなった。

折しも、産業革命の進行とともに工場経営などでリッチになった中産階級や、貿易でもうけた商人たちがどっとバースへ繰り出す。そして、かつてはバースの専制君主のごとく君臨したナッシュが死亡したのちは、このリゾート都市、社交都市の秩序も徐々にゆるんで、氏素姓《うじすじよう》のはっきりしない連中に占領されることとなった。こうして紳士の社交地、ロンドンに次ぐイギリス第二の歓楽地も、その姿を変貌させていくのである。

ところで、以上のような一八世紀のリゾートはいざ知らず、今日の紳士諸氏はいかなるヴァカンスを送っているのか。

すでに何度も述べたように、紳士のカテゴリーもだいぶ広がって、昔のごとく田舎に領地をもって悠々たる暮らしをしているというのは、ごく限られた数となり、大部分の紳士方はロンドンを初めとする都会やその郊外に居を構えて、サラリーマン並みの生活を送っている。日本と比べものにならないくらいステータスの高い大学教授とても、一応この紳士の中に入るとはいえ、もらうサラリーだけではそうそう優雅な暮らしもできない。ましてサッチャー女史の補助金カット政策によって、生活の苦しくなった有名教授がどんどんアメリカへ移る御時世である。

現今の紳士としては、他に上級官吏、銀行マン、証券マン、研究所員等々が考えられるが、彼らとて先祖代々の資産とかがない限り、一部を除いては意外と質素に暮らしているのが実情である。

だとすれば、今日のイギリス紳士のヴァカンスもそれほど豪勢なものとはなり得ない。よく日本のマスコミでは、イギリス人やフランス人は南仏やスペインで優雅なヴァカンスを過ごしているかのような報道が行われるが、日数はともかくとしても、あの種の旅は格安のパック・ツアーがほとんどで、しかも日がな一日寝転んで本を読んだりしているのだから、それほど金もかからないのである。ある意味では、名にしおうイギリス紳士も大衆化して、いささかせこくなってしまったと言えようか。

紳士にふさわしい場所、クラブ

紳士階級というものがいささかあいまいとなって、一般庶民との区別がはっきりしなくなりつつある現在、依然としていかにも紳士にふさわしい趣きを残しているものが一つある。それはクラブという存在である。いささか極端な言い方をすれば、イギリスのクラブこそが唯一、生粋《きっすい》のジェントルマンを抱えている所なのではなかろうか。

イギリスの小説家の中では最長老の一人に数えられるグレアム・グリーンに、『ヒューマン・ファクター』（宇野利泰訳、ハヤカワ文庫）というスパイを扱った作品がある。イギリスはアガサ・クリスティに代表されるミステリーだけでなく、スパイを扱った小説にも多くの傑作を生んでいるが、現実にも多数のスパイを輩出（は変だが）した国である。何しろ女王陛下の美術顧問を務めていたサー・アンソニー・ブラント（世界的に有名な美術評論家）が、実はソ連のスパイだったというのだからすさ

リフォーム・クラブ内部

まじいのである。そうした中でも有名なのがキム・フィルビー。イギリス情報部の偉いさんが実はソ連の二重スパイで、しかも疑惑のさなかにソ連へ亡命してしまったというのだから、一時大騒ぎになった。

このフィルビーをモデルにして多くのミステリーが書かれ、中でもジョン・ル・カレという重厚かつ念入りな描写で知られる作家が、傑作をものしたことは、ミステリー・ファンなら先刻御承知のはずである。そして先の『ヒューマン・ファクター』もその系譜に属するもので、一読何ともやるせない思いにさせられる小説なのだが、この中にイギリス情報部の高官や政治家たちが頻繁に出入りするクラブとして、リフォーム・クラブというのが出てくる。これは数あるイギリスのクラブの中でも一、二を争う由緒あるクラブで、メンバーには各界の著名紳士方が加わっている。

こうしたイギリスのクラブの歴史は、遠く一五世紀にさかのぼり、今日のクラブの原型にあたるものがその頃すでに存在したと言われているが、これが大きく発展していくのは、何といっても一八世紀に入ってからのことである。

いささかイギリス史のおさらいをすれば、一七世紀前半は宗教問題で内乱が起こり、国王チャールズ一世の処刑という前代未聞《ぜんだいみもん》の大事件があって、イギリス中が大揺れに揺れた時代だった。

コーヒー・ハウスの誕生

そして一六六〇年に王政復古が成って、さらに名誉革命を経て時代が一応の安定をみると、ロンドンを中心にして都市化の波が起こり、上流階級や中産階級が生活文化を享受《きょうじゅ》することとなる。

前代とはうって変わって華やかな雰囲気に包まれたチャールズ二世の御代《みよ》、ロンドンには多くの文化施設、娯楽施設が生まれたが、そのうちでも特に賑《にぎ》わいをみせたのがコーヒー・ハウス、今風に言えば喫茶店である。人口約六〇万の都市に一時は二〇〇〇軒、あるいは三〇〇〇軒あったと言われるコーヒー・ハウスは、一ペニーの入場料とコーヒー一杯一ペニーとを払えば、原則として誰でもが自由に出入りできる空間だった。

ただし、この自由な社交場には男性のみが入れたのであり、人類の残り半分である女性は（女性専用コーヒー・ハウスという少数の例外は別として）入場を拒否されたのである。

コーヒー・ハウスとは男性だけの団欒《だんらん》の場であって、そこでは中近東をしのばせるエキゾチックな飲み物を片手に煙草をくゆらせながら、文学論に花を咲かせ、商売の取引を行い、政治的陰謀をめぐらせ、ゴシップやスキャンダルを肴《さかな》に笑いころげ、金品強奪の手はずを整え、はたまた一人静かに新聞、雑誌を読みながら思索にふける、そんな光景が展開されていたのである（拙著『コーヒー・ハウス』講談社学術文庫）。猥雑《わいざつ》にして自由な空間であったコーヒー・ハウスは、一八世紀も半ばになるとその性格を変えてゆく。店の客層が固定化し、仲間意識とは裏腹の部外者排除の傾向が生まれてくる。

平たく言えば、「一見客《いちげん》」お断りの風潮が顕著になるのだ。Aは政治家、Bは文人や芸術家、Cは商人や株屋、Dは遊び人というように、店の色分けがはっきりしてくる。トーリー党支持者御贔屓《ごひいき》の店には、ホイッグ党シンパは足を運ばなくなる。阪神ファンの集まる飲み屋で、巨人ファンが肩身の狭い思いをするのと同じである。こうして時代はコーヒー・ハウスからクラブへと変わっていく。

一八世紀を代表する文人である例のサミュエル・ジョンソンは「クラブ」を定義して、「ある規則のもとに集まる親しい仲間内の寄り合い」と述べている。ここで大事なのは「規則」(「規約」)と「親しい仲間内」という言葉である。クラブを結成するにあたっては規約を定め、「倶《とも》に楽しむ」倶楽部という性格がきちんと保たれるように均質化、固定化、秩序化を目ざす。そこからイギリス紳士にとって不可欠の社交場であるクラブが生まれてくるのである。

一九世紀、大英帝国の威光華やかなりし時代、イギリスでは多くのクラブがつくられていった。もちろんゴルフ・クラブや乗馬クラブも生まれたが、中でも本書のテーマにとって重要なのは紳士の社交を目的とするクラブである。イギリス最古のクラブと言われるユニオン・クラブ(ワーテルローでナポレオンを破ったウェリントンもこのメンバー)、今日のクラブの原型をつくったと言われるアシニーアム・クラブ、イギリスでも一、二の格式を誇ると言われるリフォーム・クラブなどである。

では、こうしたクラブと紳士方との関係はどのようなものだったか。

アシニーアム・クラブ内部

紳士とクラブの関係

紳士の社交場であるクラブの格式が高まるためには、名のある人物をどれだけ抱えているか、入会資格がどれだけ厳しく限定されるか、さらにこれに付随して立派なクラブ・ハウスをもっているかなどが決め手となる。

まず第一の点。すでに名前をあげたアシニーアム・クラブを例にとろう。

このクラブが設立されたのは一八二四年である。設立者はサー・ウォルター・スコット。あの『アイヴァンホー』という歴史小説を書いた大小説家である。

ウォルター・スコット

ちなみにスコットというと、明治時代はいざ知らず、今日の英文学界ではあまり高く評価されないし、熱心に研究する人もほとんどいないようだが、どうしてどうしてなかなか面白い小説が多い。詩作もずいぶん熱心にやったようだが、やはり本領は歴史に材をとった小説にあり、深遠なテーマはないものの（だから研究家が少ないのだろう）、ストーリー・テリングのうまさ、華麗な人物造型によって読者をぐいぐい引っ張ってゆく才能は並大抵のものではない。しかも、当時としては質量とも超一流の蔵書を有し、特に中世の研究に関しては『エンサイクロペディア・ブリタニカ』に執筆するぐらいの学識を備えていたのだから、凡百《ぼんぴゃく》の歴史書を読むよりずっと役に立つのである。時代の勘所《かんどころ》をつかむにはうってつけの作家と言えよう。

なお蛇足ついでに、専門のややこしい研究はいざ知らず、イギリスの作家の中で読んで面白く、時代の雰囲気がよくわかるというのにアンソニー・トロロープという小説家がいる。一九世紀イギリス、かのディケンズと同時代に生きて、数多くの小説を世に送った人物だが、文体の平明的確、描写の見事さにもかかわらず、概してあまり評価は高くない（最近若干見直されている）。しかし生きていた頃は大いに人気を集めた作家なのである。

ところでスコットである。弁護士の息子に生まれ、自らも弁護士になったのち、印刷会社や出版会社の経営を通じて財をなしたスコットは、一八二〇年には准男爵の称号を授《さず》けられてサー・ウォルター・スコットとなった。

そのスコットの肝煎《きもい》りで設立されたアシニーアム・クラブは、科学、文学、芸術分野における当代の代表的人物と、そうした人間を物質的にも精神的にも保護する有力貴族や紳士を揃えた、この時代の代表的クラブだった。一八二四年二月一七日の集まりには、スコットのほか、政治家としても評論家としても名高いジョン・ウィルソン・クローカー、肖像画の第一人者サー・トマス・ロレンス、物理学者のファラディなどが顔を揃え、四年後にはロンドンの一等地にあるカールトン・ハウスの一画に専用クラブ・ハウスが設けられた（完成は一八三〇年）。

このクラブ・ハウスは壮大かつ重厚な建物で、大広間の広さは三一五フィート×五七フィート、ギリシア彫刻や女神像が置かれていた。図書室はロンドン一の規模を誇り、貴重本が数多くあってすばらしいコレクションになっていたという。

さて、クラブのメンバーは、すでに述べたように、各界の名士が綺羅星《きらぼし》のごとく並んでいたが、彼らはほとんど毎日のようにクラブ・ハウスを訪れ、まるで自宅のごとくくつろいでいた。蔵書を読んだり、雑誌に目を通したり、研究に精を出すものもいた。召使いがいて自由に用を言いつけられるし、食事、飲み物のサーヴィスも要求できたのである。クローカーは、「これほど気楽で自由な生活は考えられない」と言っている。

クラブ会員数は当初約一二〇〇名。会費は入会金二五ギニー(約二六ポンド。当時としては大金である。富裕な銀行マンの年収が三〇〇ポンドというから、その約一〇分の一、つまり現在の日本の貨幣基準に直せば、一〇〇万円ぐらいか)、年額六ギニーで、会員になる資格については厳密な審査があった。

なお、その後もこのクラブは、歴代の首相や閣僚、一流の文人などをメンバーとして今日に至っている。

クラブの規約

次に、クラブの格式を上げる第二の点、入会資格審査や規約について考えてみよう。

これまでにも何度かその名前を出したリフォーム・クラブは、すでに一五〇年以上の伝統をもつイギリス有数のクラブである。イギリス紳士の社交機関としては、まさに老舗と言うべき存在である。

リフォームとは「改革」という意味で、これは一八三二年の選挙法改正に由来する。この第一回選挙法改正によって、選挙権は拡大し、新興都市に議席が与えられたのだが、こうした改革を推進する立場をとるエドワード・エリスという人物が設立の中心となってリフォーム・クラブができた。

そして一八三六年の設立と同時に会則がつくられたが、それは全部で三五条に及ぶ詳細なものである。その中からいくつかの条項を抜粋してみよう。

「リフォーム・クラブ」は大英帝国の改革者（リフォーマー）の社交を目的として設立するものである。

第一条

本クラブは一〇〇〇名の会員より成り、これに加えて議会両院のいずれかに属する議員、及び外国人名士をクラブ員とする。

第二条
入会金は理事会により決定する。年会費は総会の承認なしに変更することは許されない。なお会費は毎年一月一日に支払うものとする。

第三条
改革者たる両院いずれかの議員は、他メンバー同様の会費支払いをもって理事会の決定により会員となることができる。外国人名士も理事会により入会を認められるが、この場合、入会金はなしとする……。

……

第五条
欠員は投票によって補充する。

第六条
入会候補者は、二名の会員により、「改革者《リフォーマー》」としての推薦を要する。候補者の名前と住所、地位、職業、その他は、推薦時に候補者名簿に記載する。

入会にあたっての資格審査は非常に厳しく、今あげた条項に見られる欠員補充の投票もきわめて厳格に行われた。厳選された会員の顔触れを詳しく述べていく余裕はないが、大雑把に言えば、政界関係者、宗教界の大物、地主、さらに軍人、法律家、医者、学者、文人、芸術家、企業家、商人など多岐にわたるものの、いずれも時代を代表する紳士たちばかりだった。特に目立つのは、このクラブが文人を大事にしていた点で、歴代の有名な文学者をあげてみても、「シャーロック・ホームズ」で名高いサー・アーサー・コナン・ドイル、歴史家のマコーレー、小説家のH・G・ウェルズ、E・M・フォスターなど錚々《そうそう》たる顔触れである。

またこのリフォーム・クラブは、すでに規約の部分からも明らかな通り、政治的色彩が色濃いもので、メンバーにも多くの政治家が含まれていたことは言うまでもない。

クラブに女性が入るとき

それにしても、こうして各界から厳密な審査を経て選ばれた紳士方が集うクラブの運営規定は、詳細にわたるものだけに時としてややユーモラスなものも見られるのである。たとえば次のような規約である。

第二四条　クラブ・ハウス内で調理された食べ物、あるいはワイン、酒類等は外部へ持ち出してはならない。

第二八条　いかなる形であれ、クラブ・ハウス内に犬を入れてはならない。

すぐれたメンバーを抱えて厳密な規約のもとに運営されてきたリフォーム・クラブは、幾多のできごと、時代の変遷にもかかわらず、生きのびてきたが、一九七三年には大きな規約の変更を認めることとなる。すなわち、この年に決められた改訂規約に、次のような条項が見られるのだ。

第二四条

女性は、総会の定める規定、条件によって、ビジターとしてクラブを訪れることができる。

つまり女性がクラブ・ハウス内へ立ち入ることを認めたのだが、これもまた時代の要求に従ってやむを得ず、あるいは渋々許可したという雰囲気が見え隠れする規約である。

そして最近ではさらにこれが進んで、ついに女性の入会を認める名門クラブも出てきたという。伝統の国イギリスも強い女性の声には、政治の世界だけでなく、クラブにおいても身を屈せざるを得ないのかもしれない。

それでも、メンバーの妻や女性の友人をクラブの夕食に招く際は、一週間のうちある特定の晩に限り、しかもクラブ・ハウス内のある特定の不便な部屋でこれを許すというのだから、なかなかにしたたかなのである。

ところで、なぜ女性をクラブに入れることを、それほど嫌がるのか。これについてはいろいろな説、様々の釈明があってはっきりしないが、公式にはクラブとは男同士が心おきなくつきあうための社交場、女性がそこに入るといろいろ、ややこしい、という風に理由づけられるのが普通である。しかし、この説も何だかよくわからない。

かつて顔見知りのあるイギリス紳士（ロンドンの名門クラブの一員である）にこの質問をぶつけたことがある。するとけげんな顔をして、「クラブとはそういうものなのだ」というにべもない返答がかえってきた。

ただその後、何人かの紳士諸氏と議論を重ね、いく冊かの書物をひもといて研究したところ、おぼろげながらわかってきた事実がある。それは、クラブへ行くことがイギリス紳士にとって、本来なら「男の城」である家へできるだけ帰らないための口実に使われているということだ。

イギリス女性は二〇歳を過ぎると容色ままならず、セックスの方も（あのハンガリー生まれでイギリスへ帰化したエッセイストのミケシュによれば）湯たんぽを抱くがごとしであり、おまけに料理がまずい。それならばクラブの方がまだましで、しかも女人禁制ならば古女房から妙な疑いをかけられることもない。というわけでクラブは栄え、女性会員をできるだけ排除したのではないかというのだが、果たしてあたっているだろうか。

では、それほど重要な紳士の社交場クラブの付帯設備はどのようなものなのか。次にクラブ・ハウスの内部を少し見ておこう。

クラブ・ハウスの豪華さ

現代のクラブはほとんどみな専用のクラブ・ハウスをもっているが、こうしたことは一九世紀以後のクラブの発展の結果だった。クラブ誕生当初の一八世紀は、行きつけの酒場やコーヒー・ハウスに日時を決めて集まったり、メンバーの一人の部屋を集会所として使うのが普通だった。

しかしクラブが発展し、組織も大きくなっていくと、専用のクラブ・ハウスをもつことが必要となってくる。一九世紀の名門クラブはこうして、ロンドン市内の一等地に豪華な建物を所有するに至った。

すでに名前をあげたアシニーアム・クラブのクラブ・ハウスも豪華なものだったが、あれに匹敵するクラブ・ハウスは決して少なくない。

まず、名門と言われるクラブは大体がロンドンのウェスト・エンド、つまり市内中心部から西にかけての高級住宅街にクラブ・ハウスを構えている。建物の高さは五、六階に及び、太い柱と高い天井、どっしりとした構えの堂々たる建物である。スパイ小説にもよく出てくるペル・メル街には、一時期、カールトン、リフォーム、トラヴェラーズ（入会資格は、旅行した距離がロンドンから五〇〇マイル以上あること）、アシニーアム、ユナイテッド・サーヴィスの五名門クラブが軒を並べていたため、そ

クラブ・ハウス群の威容

の威容は見るものを圧倒するほどだったという。

建物内部の様子は個々のクラブによって若干の違いはあるものの、基本的にはほぼ同様である。

たとえばリフォーム・クラブの一階は、堂々たる玄関を入ると正面にサロンがある。このサロンが言わばクラブ・ハウスの中心をなす場所で、その奥には「コーヒー・ルーム」と呼ばれる部屋がある。メンバーはここでコーヒーを飲んだり、酒を飲んだり、食事をとったりして談笑する。

サロンの右手には「モーニング・ルーム」がある。一階部分では最も大きな部屋で、壁には書物が並び、あちこちのテーブルにメンバーがすわって話をしたり、新聞、雑誌を読んだりする。また重要議題について話しあう際にもここが使われたようだ。

一方、サロンの左手、玄関を入ってすぐ左横は「ストレンジャーズ・ルーム」と呼ばれ、メンバー以外の人間との話や打ち合わせなどに使われた。それにしても「ストレンジャー」（「見知らぬ人」）とはよくも名づけたものだ。

二階は、ライブラリーや休憩室、喫煙室を備え、また地下にはキッチンやワイン・セラーなどもあった。

このほか、バス・ルームはもちろんのこと、クラブ・ハウスには欠かすことのできないビリヤード・ルーム、宿泊用の個室などをあわせて六階建てで一三四部屋を有するというのだから、まさにホテル並みである。

紳士の至福の瞬間

一八三七年に完成したこのクラブ・ハウス（チャールズ・バリーという名建築家の設計）を訪れたフランスのある貴婦人は、その威容を次のように述べている。

イギリスの大多数の建物に比べて、階段が広くゆったりしていて、ルーブル宮を思いおこさせる。階段を上がった四角い部屋を囲んで広いギャラリーがいくつかある。豪華なモザイクの通路には華やかな色彩が溢れ、それをさらにしのぐ種々のデザイン（カット・グラスの天井は大理石の四本柱で支えられている）が見られ、偉大な王の権勢華やかなりしころのヴェルサイユの最も豪華な部屋を想い出させる。

クラブ・ハウスには世間の雑音を離れてゆったりくつろげるだけのゆとりがあり、ロンドンの有名なレストランに劣らないだけの、あるいはそれ以上の料理を出す食堂があり、質量ともに最高と言えるほどのワイン・セラーを備えている。前記のフランスの貴婦人は、ロンドンの名門クラブの特徴をとらえてこう言っている。

クラブのメンバーは金をもち、様々の分野で活躍している人間ばかりだが、クラブというものの基本的精神は言わば利己的なもので、イギリスという国の慣習によくマッチしているのである。そしてこれらのクラブが、幸いにして入会を認められた人々に多大の利益を与える点は否定し得ないだろう。

クラブが生まれた第一の要因には、この国の社会状況が考えられるし、また第二に、イギリス人の性格が皆で集まって社交をすることが好きだという点もあげられる。クラブ・ハウスのすばらしい建物にのみ、豊かな生活に必要なもの、高貴な暮らしにふさわしい安楽とぜいたくとがあり、こうしたクラブ組織によって生み出された利益、様々の結実を、彼らは十二分に味わうことができるのである。

クラブとはイギリス紳士にとって、家庭に次ぐ第二の団欒《だんらん》の場、いや、ひょっとすると家庭以上にくつろげる場だったのかもしれない。だからこそ、次のようなジョークも生まれるのではないか。

クラブ・ハウスで電話が鳴った。

「うちの夫はいますか？」

「いいえ、奥様、いらっしゃっておりません」と従業員が答えた。

「どうしてわかるんです？　まだ名前を言ってませんわよ」

「実は奥様、御婦人が電話されてきたときには、御主人はどなたもここには来ていないことになっておりますので、ハイ」

ジョンソンの言葉ではないが、「よいクラブにすわっているときほど幸せなことはない」のである。したがって、できればその至福の瞬間を奥様に邪魔されたくないのである。

この章を終えるにあたり、僕の大好きなジョークを一つ。

ある淑女、窓辺で本を読んでいる紳士に近づいて言った。

「私、あなた様のご本になりたいですわ」

「そうなっていただきたいですな」

「なれるとしたらどんなご本？」

「そう、暦がいいですね。毎年新しいのと取りかえられますから」

第三章　紳士のユーモア

イギリス男性はみな紳士？

「イギリス紳士ぐらいつかまえどころのない人間はない。けちん坊のふところみたいに、探っても探ってもめざすものに達しない」と言った人がいる。

イギリス紳士の氏や育ち、そのライフ・スタイルを探ってみても、確かに彼らの内面、精神構造はもうひとつよくわからないところがある。まして紳士という概念に含まれるものが時代の流れとともに広がってきて、どれが生粋のイギリス紳士やらわからなくなっている状況では、なおさらその感が強くなる。中にはイギリス人男性はみな紳士だと思うようなギャルもいて、こういう手合いがイギリス・ツアーなどに出かけると危ないことこの上ないのである。

いささか他聞《たぶん》をはばかることながら、かつての勤務校にもこの手の素朴型がいて、夏休みなどにヨーロッパ旅行へ行って帰ってくると、

「外人はみんな親切で紳士的でええわあ！」

などとのたまうのである。冗談もいい加減にしてほしい。

大体、イギリス人男性がすべて紳士だなどと思うのは、イタリア人はみんな女たらし、ドイツ人はすべてナチス、アラブ人はみなテロリストと考えるのと同工異曲《どうこういきょく》である。

とまあ、こんな馬鹿馬鹿しいことはさておくとしても、イギリス紳士の心の内、思考パターン、性格などをこうだと決めつけることは土台無理な話である。人それぞれ個性という厄介なものがあり、血や環境によって違いはずいぶんと生まれてくる。とはいうものの、人間やはり共通の特色をもっていることも事実で、だからこそ巷《ちまた》に溢れる「日本人論」「イギリス人論」「日本人の国民性」「イギリス人とは何か」といった類の書物にも、それなりの存在意義があるわけだ。

ではイギリス紳士、ジェントルマンと言われる人々に共通してみられる特色は一体どのようなものか。あらかじめ結論を先に言ってしまえば、それは心のゆとりと、そこから生まれる類《たぐい》稀《まれ》なユーモア感覚ではないかと思う。この章ではその点をとりあげて考えてみたい。

イギリス人のイメージ

ところで、イギリス紳士のユーモアについて考える前に、一般にわれわれはイギリス人という存在に対してどのようなイメージをもっているかを検証してみたい。

だが、ここでイギリス史を専門の研究者あたりからは、次のような声がまずあがるかもしれない。すなわち、一体「イギリス人」とはどれを指すのかという点である。

なるほどわれわれは何気なく「イギリス人」と言うが、考えてみればこれは変である。

すでに御承知の通り、イギリスという国の正式名称は「グレートブリテン＝北アイルランド連合王国」で、そこには通常われわれが「イギリス」と呼んでいる「イングランド」、それに「スコットランド」「ウェールズ」「北アイルランド」が含まれているのである。

しかも、この四つは「連合王国」という名称からわかる通り、エリザベス女王を頭に戴《いただ》いているものの、基本的には独立した国家とみなされるべきなのである。

そのことが最もよくわかるのはラグビーの国際試合で、通常一月末頃から始まる「六ヵ国対抗」では、この四つの国にフランスとイタリアを加えた六ヵ国がリーグ戦方式でゲームを行うのである。

イギリスへ行かれた方ならばよくわかる通り、イングランド以外の三ヵ国のイングランドに対する対抗意識には、想像を絶するものがあるし、言葉をとってみても、スコットランドやウェールズの地元住民のしゃべる英語はさっぱりわからないのである。ウェールズでは道の標識も、英語とウェールズ語両方で書かれている。

一方、性格や気質という面になると、アングロ・サクソン系のイングランド住民とケルト系のアイルランド人では、やはり大きな違いがある。アイルランド人の感情表現の豊かさ、気性の激しさは、どうみてもわれわれが通常イメージするイギリス人という国民とはかけ離れたものに思えてならない。

したがって「イギリス人」などという、ある意味では架空の存在、絵に描いた餅のごときものをとりあげて、その性格をうんぬんするのは、学問的厳密を期する人々からは大いなる反論が予想できるのだが、それはそれとして、一般日本人はやはり「イギリス人」という言葉で何らかのイメージをもつのだから、一概に無視するわけにはいかないのである。

イギリス人への高い評価

まわりくどい話になったが、イギリス人と聞いてどのようなイメージを浮かべるか、かつての勤務校の女子大生たちに尋ねた結果をまず報告しよう。

一番多かったのは「冷静」「落ち着き」というイメージである。物事を感情で割り切らず、じっくり理性的に考える。ゆったりと落ち着いている。

しかし逆に言えば「冷たい」「冷酷」「とっつきが悪い」「無愛想」という声も、かなり多く出た。

次に多いのは「常識」「中庸」「妥協」「バランス感覚」というイメージで、こちらの方はマイナス・イメージの「優柔不断」「オジンクサイ」「ダサイ」というのが、案外少なかった。

第三に、すでに若干触れたことだが、「伝統を大事にする」「古いものを愛する」、あるいはこれと少しずれるが、「保守的」というのがあった。

このほか、「フェア・プレイの精神」「マナーを大事にする」「経験に基づく考え方」などもあがっていたが、総じて見ると、イギリス人に対してはかなり好意的イメージを抱いているように思う。

もちろん、「お高くとまっている」とか「教養を鼻にかける」、あるいは「打ち解けにくい」というイメージも出たが、一般的にはイギリス人を高く評価する傾向が強いと言えよう。

言うまでもなく、これをもってすべてを判断することはできないし、統計やアンケートというもののうさん臭《くさ》さも十分承知している。あるいはすでに述べたように、このような一般論が個々の相違を捨象《しゃしょう》した独断に瀕《ひん》する危険があることを否定するものでもない。このほか、マスコミ、書物などが与えた印象が、ステレオタイプ化したイギリス人像をつくりあげるのに役立った点も、もちろん考えなくてはなるまい。

しかしそのような面を十二分に考慮に入れた上でも、先にあげたいくつかのイメージはそれなりにイギリス人、あるいはイギリス的なるもののある側面を代表しているのではないだろうか。

さらに言うならば、冷静沈着、常識に富んで、古き伝統を愛しつつゆったりと暮らすイギリス人というイメージは、イギリス紳士、ジェントルマンの姿とそのままわれわれの心で結びついているのではないか。逆に言えば、冷たくてとっつきが悪く、容易に心の内をあかさず、頑迷に古いものにすがりついている、それでいてプライドは高いイギリス人というイメージは、イギリス紳士のマイナス面と結びつけられることが多いのではないだろうか。だとすれば、案外われわれは、あのツアーでイギリス人すなわちイギリス紳士と考えるギャルたちと、それほど遠いところにいるわけではないのではないか。

妙に高らかな文章になってしまったが、イギリス紳士の紳士たるゆえんを考えるにあたって、まず以上の点を頭に入れておきたいのである。イギリス紳士の内面を探ることで、イギリス人気質のいく分かを明らかにしてみたいのだ。

そこでこのことを考えるにあたって、いささか限られた範囲の観察ながら、イギリス生活やイギリス人とのつきあいから感じた彼らの特徴を、まず述べてみたい。

イギリス人の個人主義

初めてイギリスへ行ったとき、まずあいさつに行った指導教官から、学問研究の方法以外に、これだけは特に注意せよと言われたことがある。

それは、イギリス人とつきあうためには自分の方から積極的に声をかけることだという点だった。黙っていればイギリス人は知らん顔をする。友人をつくりたければ自分から話しかけよ、こう繰り返し言われた。特に、大学へ来るような連中は一応エリートだから、その傾向はますます強い。肌の色が違うやつが来たな、どれどれ声をかけて話してみようなどとは、絶対に思わないのが彼らであると断定されたのである。アメリカ人みたいに「ハーイ」と言って即友達というのはあり得ないとも付け加えられた。

そのときはそうかなと思った程度だったが、なるほど徐々にこの言葉が正しいと思えてきた。

たとえば教室である。いくら日本人が若く見えるからといって、こちらは三〇歳になろうというおじさんである。ジーンズをはいても腹部のふくらみが気になる年齢である。しかもヨーロッパ系とは違うことは一目瞭然《りょうぜん》。普通だったら何でこんな奴が英文学の授業にいるのか、好奇のまなざしが向けられるのも当然なはずである。ところが、教授も学生もまったく意に介さない（いや、ひょっとすると意に介さないふりをしていたのかもしれないが、そのそぶりも見えなかった）。したがって初めのうちは、指導教官の言葉にもかかわらず、何となく気後れがして話しかけるチャンスを見出せずじまいだった。

それから一ヵ月ぐらいたって少人数のゼミナールが始まると、さすがに黙っているわけにもいかず、いささか遅ればせながらゼミの仲間には自己紹介をして、故あって英文学の勉強に極東の地から来ていることを告げた。すると別段驚くわけでもなく、こちらの身元をいろいろ尋ねることもなく、淡々と相手も自己紹介をして、あとは研究テーマをどうするか、資料としてどういうものが必要かなどを互いに情報交換して話は終わる。何となく若干寂しい気がしたことを覚えている。

かつて夏目漱石が英文学研究のために大いなる野望を抱いてイギリスに渡り、いったんは大学に籍を置いたものの、時間がもったいないとかの理由でもっぱら下宿に引きこもり、ひたすら書を読みノートをとり、ついには「夏目狂せり」との風評が立つほどに神経をすり減らした故事がある。あの原因の一つはここらあたりにあるのではないかと、彼我《ひが》の能力差をかえりみず、ふと思ったものだった。

しかし、さすがに指導教官の言葉は正しかった。一見冷たく無愛想に思えるイギリス人も、こちらから積極的に話しかければ、それこそ胸襟《きょうきん》を開いてつきあってくれるのである。

よく言われることだが、イギリス人は最初はとっつきが悪いが、ひとたび友となればこれほど信頼に足る人間はいない。確かにそう思える面があるのだ。最初の素っ気なさは、ある意味では彼らのシャイな心の表れかもしれないのである。

残念ながらすでに亡くなられた開高健氏が、こんなジョークを紹介している。

無人島に男二人と女一人が漂着した。男たちがイタリア人なら殺し合い、生き残った男が女を愛する。もしフランス人なら一人は夫、一人は愛人となってうまくやる。イギリス人だったら、紹介されるまで口をきかないくらいだから、何も問題は起こらない。

なるほど三国の国民性をみごとに描いたジョークである。ただし、これにはさらに次のオチがついている。

日本人なら、すぐトウキョウの本社にテレックスを打って、どうしたらいいか問い合わせる。

余計な親切はやかない

もう一つ気がついた事実をあげよう。それは今まで述べたことと相通ずるのだが、一般的にイギリス人は他人のことにあまり関心がなく、余計な親切心を発揮してくれない点である。そのことがまた彼らを冷たく見せる一つの理由かもしれない。

たとえば、すでに前にも触れたことだが、普通の場合にはどんな服装を他人がしようとあまり興味を示さない。人は人、自分は自分というわけで、これはその中で暮らしてみると案外気楽なものである。

また、わが家は日本風に言えば四階建ての二階に住んでいて、玄関や表で他の階の住人と顔をあわせることもよくあったが、この場合にもあいさつはきちんと交わすものの、よほどこちらが積極的に話をもち出さなければ、あまりしゃべることもない。というわけで、庭続きの隣家の主人とも半年あまりの間ほとんど満足に口をきいたこともなく、それが何かのきっかけで話しかけたところ、妙に気が合って、こんなことなら早く打ち解けていたらさぞかし楽しかったろうと悔《く》やんだものだった。

もちろん僕の限られた体験からすべてを判断するつもりはない。しかし、イギリス人の中にはこうしたいい意味での個人主義が存在することは、事実なのではあるまいか。

そしてこれは、第一章、第二章で述べた通り、イギリス紳士のライフ・スタイルとも大いに結びついているように思える。

たとえば、自分を必要以上に飾り立てようとせず、自然に振舞おうとする。言葉づかいにしても、わざわざまわりくどく、もってまわった上品な言葉を使おうとしない。そういうのは紳士ならざる成りあがりの背伸びと考えるのである。服装にしても気に入ったものを長く着ることを心がけ、目先の流行にとらわれることが少ない。他人がどうあろうとも、自分の信念、趣味を尊重しようとする。いささかしゃれた言い方をするならば、外面のダンディズムではなく、精神のダンディズムで勝負しようとする。これがイギリス人の最良部分たるジェントルマンのあるべき姿ではあるまいか。

そして実は、こうしたイギリス人の個人主義が、時には彼らの頑迷さ、保守的精神、したたかさなどとも受け取られるのであろう。それをうるわしきものと見るか、自信過剰のいやらしさと見るか、哀れ、時代にとり残されたるものと見るか。この点は読者諸氏諸嬢の賢明なる御判断におまかせしたい。

我慢強き民族

イギリス人を見ていてもう一つ気がつくのは、彼らがいかに我慢強いかという点である。そしてこの点に関してもいろいろな方々が述べているので、今さら蛇足の感がないでもないが、やはり一言つけ加えたくなる気持ちを禁じ得ないほどである。

たとえば、バス停での行列である。整然と列をつくってバスを待ち、バスが到着してもきちんと順序よく乗りこむ。イギリスのバスはたいてい座席が埋まると、あとは数人立つのを許すだけで、日本みたいに一杯に乗せたりしない。そこで時には積み残しが出たりするが、イギリス人は別に怒ったりもせずにじっと次のバスを待っている。雨が降っていてもこの点は変わりがない。

スーパー・マーケットなどに行っても、買物の順番はきちんと守られる。日本のどこやらの女性たちのごとく、先に声をかけた方が勝ちということはなく、早く来たものが先に買物をすませられる。その意味ではきわめて気持ちがよいと言えよう。

プレイガイドで芝居の切符を買うために並んだことがある。前から五人目ぐらいなのでそれほど時間はかかるまいと思ったのだが、どうしてどうして三〇分ぐらいかかった。というのも、一人一人が座席をどこにするかで大いに悩むからで、ああでもないこうでもない、こちらの方が見やすいなどと店員とのんびり相談するのである。後ろに並んでいる人はそれを当然のことと考え、別にいらいらするそぶりも見せなかった。

あるいは大学でのこと。どうしても必要があって貴重書庫に保管されている資料を見なければならない。そこで図書館のカウンターに申し込んだ。すると小部屋に案内してくれて、そこでしばらく待てという。ところが、待てど暮らせど何にも音沙汰《おとさた》がない。かれこれ一時間近く待っただろうか、やっとその資料を持ってきてくれた。いささかいらいらしていた僕は「ずいぶん時間がかかるな」と皮肉を言ったところ、逆に、こういう古い資料を読む人間はこの程度待たされても文句を言うものではない、何も一刻を争うようなものではなかろう、じっくりと腰を据えて待つものだと、老司書からたしなめられてしまった。

なるほどそう言われてみると、大英図書館などで重要資料を読んでいる連中は、請求を出してから三〇分や一時間待たされても悠然としている。慣れた人間になると、待ち時間用に読む本を持ってきているのである。

すべてを余裕ある態度で見つめる

紳士ならざる庶民にしても、あの熱狂的サッカー試合ではゲーム開始二時間ぐらい前からバックスタンドに陣どって、歌を合唱したりしながら待っている。冬の寒い中、それも立ち見席の場合もある。試合終了まで四時間近くをこうして過ごすのだから、やはり我慢強いとしかいいようがない（騒いでいれば退屈はしないだろうが）。

道を歩いていても、イギリス人は何と我慢強いかと思うことがある。横断歩道を渡ろうとしていると車がやってくるのが見える。やりすごすか、あわてて渡るか迷っていると、まだだいぶ手前で車はスピードをゆるめ、渡れと手で合図してくれる。時折、足が悪くて歩行器の厄介になりながらほとんど一〇センチきざみで前へ進んでいるような老人がいるが、こうした人が道を横切るときは、五、六台の車が並ぶ結果となる。それでもじっと待っているのである。

ちなみにこれがフランスとなると、とてもそんなわけにはいかない。横断歩道が青になっていても、ちょっとでも歩行者の列が途切れたり、渡る人影が見えないとなると、平気で突っ切って行く。広い道を渡っている途中で信号が変わろうものなら、こちらは生きた心地がしないほどなのである。

実際その意味では、このイギリス人の我慢強さが第一次大戦や第二次大戦の修羅場《しゅらば》をぐりぬけるのに、大きな役割を果たしたと言えるかもしれないのである。しかしまあ、あれだけおいしくなく変化のない食べ物を食べ続けていられるのだから、今さら我慢強いもないとも言えるだろう。

イギリス人の性格や行動については、これ以外にもいろいろと指摘できるし、それにまつわるエピソードも数多くある。しかし、それらを述べていれば予定の枚数を超えてしまうし、またそれが本書の主題でもない。

ただ、イギリス人と話をしたり、何冊かの書物を読んだりして気がつくのは、彼らの性格の根本の部分に、自分を含めた人間全般と種々の物事とを、余裕ある態度で見つめる能力があるのではないかという点である。無論、人間だから時には感情を爆発させたくなるときもあるだろう。あるいは悲哀の情にとらわれて、これを人目もはばからず表に出したくなるときもあるかもしれない。

しかし、そうしたことをする一歩手前で踏みとどまり、自分自身を外側からながめることで、何とか精神の均衡《きんこう》を保とうとする。これはイギリス人、中でもその最良の部類たるイギリス紳士の大きな特色ではあるまいか。そしてこの余裕と、深刻な事態に瀕《ひん》しても失われることのない冷静さの中から、あの独特のユーモア感覚も生まれてくるのだと言えよう。

ユーモアとは「体液」の意味

「ユーモア」という言葉は、もともと人間の体液を表すものだったということは、英語を少しかじったことのある人なら御存知だろう。つまり人間の基本的気質は四つの体液（「ユーモア」）が決定するというもので、その四体液とは「血液」「粘液」「胆汁」「黒胆汁」である。

こうした考え方の基本は紀元前ギリシアのヒポクラテスの説に由来し、それがやがて中世イギリスで広く信じられるようになった。すなわち体液説という考え方である。

まず血液の多い人は、多血質という言葉があるように、血の気が多く活動的である。そして古代哲学の万物四大元素（地水火風）にあてはめれば、血液は「風」と結びついて「乾いた気質」となる。

粘液はその名の通り「水」（湿り）と結びつく。この粘液が多い人間は、冷静沈着、悪く言うと不活発で冷淡、無気力である。日本語で「粘液質」というと、もっぱら悪い意味で、いつまでもネチネチとしつこい性格を指すが、このあたり本来の意味とは若干ずれているようだ。

胆汁は「火」(熱)と結びつき、気性の激しさ、怒りっぽい気質を表す。最後の黒胆汁は英語で「メランコリー」ということからわかる通り、「土」(寒さ)と結びついて、憂鬱《ゆううつ》な性格を表すものとされた。

中世イギリスでは、こうした四体液の配合が崩れてどれか一つが過剰になると、その人間は病気だと考えられた。つまり「変わり者」というのは、体液の不均衡から生まれる特異体質だとみなされたのである。

こうした考え方は一六世紀末、イギリスの演劇黄金時代をシェイクスピアとともに担った人物ベン・ジョンソンの作品にも表れている。たとえばその代表作『十人十色』は原題を『エヴリマン・イン・ヒズ・ヒューマー(ユーモアを正確に英語読みすると「ヒューマー」)』と言うし、これとペアをなす『みんな不機嫌』は『エヴリマン・アウト・オヴ・ヒズ・ヒューマー』である。あるいは彼の喜劇を「気質喜劇」(「コメディ・オヴ・ヒューマーズ」)と呼ぶこともある。つまり、特異な気質の人間を描いた喜劇というわけだ。

最高のユーモアを生んだ国

近代の発達とともに、こうした体液としてのユーモアの概念はすたれて、むしろ

「笑い」を生み出す根源としての「滑稽《こっけい》さ」をユーモアが表すようになったが、それでは一体その「滑稽さ」と言われるユーモアはどのように定義できるかとなると、諸説がたくさんあって選択に困るほどなのである。

たとえば、イギリスのエッセイスト、反語と逆説とをもって世情万般についてきわめて特異な観察を述べたチェスタトンは、「ユーモアは定義できないもので、そもそもユーモアの定義をすること自体、ユーモアの欠如を示すものだ」と言っている。

これでは身もふたもないが、ほかにもこういう言い方をした人物はいく人もいる。フランスの英文学者ルイ・カザミアンは、『イギリス・ユーモアの発達』という本を書いた人物だが、そのカザミアンが「ユーモアはなぜ定義できないか」という論文を書いている。それによれば、ユーモアは単なる笑いや滑稽とは違い、ペーソスを含む複雑かつ矛盾に満ちたもの、知的な「ウィット」（フランス語の「エスプリ」に近い）と対照的に、この世の矛盾や不条理を常識と直観で処理する処世の知恵となる。しかしこれとても、わかったようでわからない。

ただ先ほどあげたチェスタトンも、ユーモアは定義できないと言いながら、ユーモアの特徴について例によって難解きわまる論議を展開しているのだが、そこでも「ウィット」と「ユーモア」の違いがカザミアンに近い考え方で述べられている。

そこからウィットは冷たく、ユーモアは温かいとか、ウィットから生まれる笑いは冷笑、嘲笑であるのに対し、ユーモアのもたらす笑いは微笑、哄笑《こうしょう》だという議論も出てくる。

こうなると、では次に笑いとは何かというはなはだ哲学的な方向に話が進んで、事実、あのベルクソンという哲学者が『笑い』という名著を書くことになる。

いや、わが日本においても、梅原猛氏が『笑いの構造』を書き、河盛好蔵氏が『エスプリとユーモア』でイギリス・フランスの違いを説き、織田正吉氏が『笑いとユーモア』で日本人のユーモア感覚の欠如を指摘することとなる。もはやこうなると、とても僕ごときが出る幕はない。

要するに、ユーモアという摩訶《まか》不思議なとらえどころのないものの正体を詮索《せんさく》するのはやめて、むしろどういうことにわれわれはユーモアを感じるのかを見つめることの方が実りがあるのかもしれない。

ただその際に、一つだけ大事な事実がある。それはカザミアンにしても、ベルクソンにしても、ユーモアの厳密な定義はそれぞれ難しいと言いながら、イギリスこそ世界で最もすぐれたユーモアを生み出した国だという点では一致していることである。

つまり、イギリス的ユーモア、イングリッシュ・ユーモアの価値を大いに評価しているのだが、さてではこのイギリス的ユーモアとはどのようなものか。このあたり若干堅苦しくて、それこそチェスタトンに馬鹿にされそうだが、もう少しおつきあいいただきたい。

イングリッシュ・ユーモア

イギリスの劇作家兼評論家J・B・プリーストリーは、その名もずばり『イングリッシュ・ユーモア』（邦訳は小池滋・君島邦守『英国のユーモア』秀文インターナショナル）という本で、次のように書いている。

われわれイギリス人の生活をとり巻く大気そのものが、ユーモアを生み出すのに適しているのだ。ぼんやり霞んでいるときが多く、すべてがくっきり見えることはごく稀である。単なる滑稽と区別される真のユーモアとは、たくさんの要素の混合物からかもし出されるものだ。もっともこの要素すら、それ自体あいまいな集積物、合成品なのかも知れない。次にあげるものがすべて必須な構成要素とはいわないけれども、すべてが検出されれば混合液はそれだけ、より豊かなものとなるだろう。その要素とはすなわち、皮肉《アイロニー》を感じとれる能力、ばからしさ（不条理）を感じとれる能力、ある程度の、少なくとも片足は地に着いている程度の現実との接触、それから、これは一見意外に思えるかも知れないが、愛情である。

つまり、ユーモアには四つの構成要素が必要だというのだが、それらについてプリーストリーはさらにこう述べている。

皮肉とばからしさへの嗜好は、おそらく両者ともども良識と平衡感覚に深く根を張っているのだろう。真のユーモリストとは、けたけた笑ってばかりいる浮わついた軽薄な人間では絶対にない。ユーモアそれ自体かつて「真面目に感じながらもふざけて考えること」と定義されたことがあるが、これは幾分か真実を含んでいる。

……

現実との接触は重要である。真のユーモリストは時に途方もないこしらえごとに耽ることもあろうが、われわれを空中に運んでそこに置き去りにすることは絶対にない。空想の中でわれを忘れてしまうことはない。ユーモアとはこの地上の日常の人生の中から、この地上の人間相互間のドラマから生まれて来るもので、ある一定の認知された社会がなければ生まれ得ないものだろう。……

他方また真のユーモリストはにたにた笑い続けるような姿はめったに見せない。冗談を言いながら真面目な顔を崩さずにいるのが上手だ。

真のユーモアとは

ここまで読んでくると、いくつか思い当たる事実があるのではないか。つまり「良識」と「平衡感覚」、「現実的」「真面目な顔」というのは、まさにイギリス人の大きな特徴だった。少なくともプリーストリーのあげるユーモアの構成要素の三つは、イギリス人に顕著に見られるものであって、この限りではイギリス人こそが「真のユーモリスト」たるに十分な資質を兼ね備えていることになる。

だが、最後の「愛情」はどうか。もう少しプリーストリーの言うことに耳を傾けてみよう。

さて次に愛情についてだが、愛情を、完全に真面目なものである愛《ラヴ》と混同してはならない。もっとも、愛《ラヴ》がさほど情熱的でないほどに日常化されたとき、その副産物として愛情を生み出すこともある。愛情はユーモアの中に暖かみを吹き込んでくれるだけでなく、他の人物を洞察する能力をも与えてくれるのであり、それによってさらに豊かなユーモアが生み出されるのだ。

もちろんプリーストリーは、愛情のもたらす暖かみがなくても効果的なユーモアが生まれることは認める。しかし、「対象を突き放して冷笑することを単にそれだけのために楽しむのだとすれば、それは、書き手および彼を喜んで読む読者双方の中に、ごう慢な弱さとでも言うべきものが存在していることを示す」と続ける。

つまり、真のユーモアとは人や物事を単に突き放して冷笑するのではなく、仮にそうした人間や物事におかしな面が見えても、それをゆとりある態度で大らかに包みこむ精神を必要とするというのだ。これはあの「ウィット」と「ユーモア」との違いを、一面言いあてていると言えるかもしれない。

こうしたプリーストリーの考え方は、主としてイギリス文学史上の作家たちを考察する中から生まれてきたものであり、したがってそこから引き出されたユーモアの四構成要素が、イギリス人に当てはまるのは当然と言えば言える。

だが、自らを客観的に見つめて余裕たっぷりに笑える能力と、他者をも愛情をもって自分と結びつける力、そしてそこから生まれる（あるいはそのもととなる）平衡感覚、現実感覚、良識といったものが、まさにイギリス人の特性だという点については、ひとりプリーストリーのみならず、多くの人々が指摘するものなのである。そして実は、イギリス人の最良の部類たるジェントルマンの中に、そのユーモアのエッセンスが見出せると言えるかもしれない。

そこで以下、イギリス紳士のユーモアの一端をいくつかながめていくことにしよう。

チャーチルのユーモア

イギリス紳士と聞いて日本の読者がまず頭に浮かべる人物は、サー・ウィンストン・チャーチルではなかろうか（だが、あいつは生粋の紳士ではないというイギリス人も多い）。

ウィンストン・チャーチル

二〇世紀を代表する政治家の一人、内相、海相など歴代内閣においていくつかの重要ポストを占めたのち、第二次大戦勃発後は首相としてイギリスを率い、ついには連合国を勝利に導いた人物。戦後も首相を務め、そのかたわら『第二次大戦回顧録』という大著をものして、ノーベル文学賞を受賞した。

ざっとこんなあたりが一般の方々の知るところだろうか。

ところで今回この本を書くにあたって、チャーチルの生涯を少し詳しく見ようといろいろあたってみたのだが、もちろんイギリスでは多くの書物が著されているにもかかわらず、日本語で手軽に読める本がどういうわけかあまりないのである。中公新書に政治学者の河合秀和氏の書かれた『チャーチル』という本があるのだが、それ以外にはこれというものがない。どなたかチャーチル伝をお書きにならないものだろうか。そしてその際には是非次の点にも大いに留意していただきたい。

すなわち、チャーチルの政治的評価はともかくとしても、あの稀代のユーモア感覚、名文句をとっさに思いつく才能、反対派に見事な言葉でやり返す能力である。こうしたものを含まないチャーチル伝は画竜点睛《がりようてんせい》を欠くと思うのだが、いかがなものか。

さて、イギリス紳士の美質としてよくフェア・プレイの精神があげられる。イギリス紳士の養成所であるパブリック・スクールでは、古典教育とともにスポーツが奨励《しようれい》され、その際特に、正々堂々とフェア・プレイの精神にのっとって戦うよう厳しくしつけられる。だから、パブリック・スクールやオックスブリッジで人気のあるラグビーでも、試合中はいかにエキサイトしても、終われば「ノーサイド」となって、あとは和気あいあいとパーティーにのぞむのである（とはいうものの、最近はかなり荒っぽくて、国際試合ではラフプレイでよく退場者が出るのはラグビー・ファンなら御承知だろう）。

ところでチャーチルは、若い頃からよく遅刻をするので有名で、

時間を守らないことは確かに悪癖と思う。それで私も何とか時間を守ろうと努めてきた。この悪癖を治す方法があるとすれば、約束を一つ二つすっぽかしてしまうことだが、どうもなかなかその勇気がない。何らかの代表でやってきた人を、九人も控え室で煙草を無駄に吸わせておくくらいなら、名士を一人玄関払いする方がましなんだがね。

などと言って人を煙にまいている。そのチャーチルがあるとき、汽車や飛行機に乗り遅れてばかりいる理由を尋ねられて、こう答えた。

私はスポーツマンだから、フェア・プレイを尊重するんだ。だから汽車や飛行機

にも、逃げるチャンスを与えてやるのさ。

こういうのもフェア・プレイというのかわからないが、伝統的にイギリスと仲の悪いフランス側から見ると、イギリス人のフェア・プレイ精神もうさん臭いものに思えるらしい。

フランスの有名な言葉に「二心のアルビヨン」、つまり「裏切りのイングランド」という言葉がある。つまり、一見立派で御大層《ごたいそう》なことを言うけれど、その言葉の裏には偽善が隠されている、イギリス人は人前では偉そうにフェア・プレイとか言うが、その実自分の利益を追求しているのではないか、というのがフランス人の見方なのだ。

確かにそういう面もあるかもしれない。たとえばこれは、僕の師匠にして生粋のイギリス紳士である上智大学のミルワード先生が書いていることだが、二〇世紀最高の文人の一人T・S・エリオットの戯曲『大聖堂の殺人』には、イギリス人のフェア・プレイ精神を当て込んで、大司教を殺害したばかりの騎士が観客にこう訴える場面がある（P・ミルワード『イギリス風物誌』大修館書店）。

諸兄はイギリス人であり、それ故フェア・プレイを信じておられるはず。四人が寄ってたかって一人を襲う、となれば負け犬の肩を持ちたくもなる。……敢て諸兄の名誉心に訴える。諸兄はイギリス人、ならば両者の言い分を聞かずして人を裁くことはなさるまい。それが永年認められた我が国陪審制度の原理に適う道ではないか。

理屈はこの通りかもしれないが、やはりこのせりふ、「盗《ぬす》っ人《と》猛々《たけだけ》しい」という見方もできるのではあるまいか。

当意即妙のユーモア

しかし、フランス人のような意地の悪い見方はともかくとして、イギリス紳士の多くは戦いにあってもフェア・プレイ精神を大いに発揮する。ボクシングでも、相手がダウン寸前なのになおもパンチを浴びせるなどというのは、恥ずべき行為なのである。これも彼らの余裕の表れなのだろうが、そうしたフェア・プレイ精神と余裕とが結びつくと、論争においても言葉には言葉で応酬《おうしゅう》する中で類稀なユーモアが生まれてくる。その点ではチャーチルはまことに才能豊かだった。

たとえば、下院で政敵のベバンの質問に対し、チャーチルはこう答えている。

真理に反することを、ただ今のご質問以上に明確に述べることは、まず不可能と思います。

あるいは、

戦争が熾烈《しれつ》をきわめていたとき、閣僚の一人が、首相のチャーチルに向かって、アメリカとの提携強化の必要性を執拗《しつよう》に説いた。

「アメリカに友好のキスをしなければなりません」とその閣僚は興奮して叫んだ。

チャーチルは憮然《ぶぜん》として、彼をにらみつけながら答えた。

「そう、もちろんだ。しかし片方の頬にだけだね」

エリザベス女王の戴冠式《たいかんしき》の準備に関して、労働党のグランビルから、式典の行列に労働者のあらゆる職種の代表団を加えるべきだとの提案があった。チャーチルは答弁に立った。

「行列に関してはすべて式典委員会に委せてありますが、私としては軍の分列行進だけに限られるものと期待しております」
「なぜですか？」とグランビル氏。
「見物客の気持ちを考えなければなりません」

こうした当意即妙のユーモアは、危機に瀕したときや、つらい状況、悲劇的な場面などにおいてもいかんなく発揮される。イギリス紳士は感情を表に出さない、苦しい状態に追いこまれても平然とした顔でいるとはよく言われることだが、同時にそうした場面でこそ、彼らのすぐれたユーモア感覚も十二分に発揮されるのである。だからこそチャーチルも、

私は国のためなら、一命を捨てる覚悟はいつでもできています。ただそのときが、一刻でも遅からんことを願っております。

と言うのだ。また次のような話もある。

余命いくばくもないというとき、ウィンストン・チャーチルは若手新聞記者のインタビューを受けた。インタビューのあと、記者は丁重に礼を述べて言った。

「来年再びお目にかかれれば、たいへん光栄に存じます」

チャーチルは葉巻をくゆらせつつ、

「君ィ、来年会えないはずがあろうか。見たところ君は健康そのものだ……、せめて来年までは生きておるじゃろう」

何とも食えない老人である。もう一つ、いかにもチャーチルならではという言葉をあげておこう。

七五歳になったチャーチル、死の恐怖について尋ねられた。

「私はいつでも主なる神と対面する覚悟はできております。ただ神さまの方で、私と対面するという大試練に直面する覚悟ができておられるかどうかは別の問題です」

毒舌と紙一重

しかし、こうしたチャーチル一流のユーモアは、第三者にとってはなかなかに愉快なものだが、逆にいささか皮肉が利きすぎて相手に不快感を与えることもまったくないとは言えない。つまり彼の毒舌の犠牲となった人間は、へたをすれば立ち直れなくなるのだ。

たとえば労働党の指導者ラムゼー・マクドナルドが下院で進退きわまったとき、チャーチルはこう言っている。

閣下は頭を振っておられるが、いくら振られても無駄というものですぞ。事実を振り払うわけにはいきませんからな。

しかしこれなどはまだしもユーモアがある。

同じマクドナルドに対して、チャーチルはこんなことも言っているのだ。

今にして思えば、子供の頃、有名なバーナム・サーカスに連れていってもらったことがありました。そこにはいろいろな見せ物がありましたが、私が特に見たかったのは「骨なし」と言われる怪物でした。

ところが両親が子供には教育上よくないと判断したため、残念なことにそれを見る機会を失ってしまいました。

それがどうです。五〇年たった今、ようやく念願がかないました。

その「骨なし」が、そこの大蔵省のベンチに座っているのであります。


これではマクドナルドもたまったものではあるまい。とにかくチャーチルが反対派に向けた舌鋒《ぜっぽう》は鋭かったようで、労働党のクレメント・アトリーについても「彼は羊の皮を着た羊」だと、その臆病ぶりをこきおろしている。

こんなチャーチルだから敵も多く、他ならぬアトリーが次のように言っている。

ウィンストンは五〇パーセントが天才だが、あとの五〇パーセントはどうしようもない愚物だ。

女性に対しても、今ならフェミニストたちから猛烈な抗議を受けかねない毒舌を吐いている。

「ウィンストン、あなたは飲んだくれです」とリヴァプール選出の社会党議員ベッシー・ブラドックが叫んだ。

「ベッシー、君のご面相はまずいね。あすの朝私がしらふになっても、やはり醜いことには変わりないだろう」とチャーチルは反撃した。

このやりとりのてんまつがどうなったかは知らないが、随分思い切った返答である。一昔前の日本でも総理に向かって「メカケ」うんぬんの発言をして物議をかもしたことがあったが、こんなせりふを吐《は》いた日には、日本国国会の審議はストップしてしまうに違いない。

しかしそのチャーチルにしても、美人に対しては若干弱腰だったらしく、こんな言葉が残っている。

美人をやっつけることは、不可能とは言わないまでも難しいね。いくらやっつけても美人は美人なので、強い言葉もついすくんでしまうもんでね。

これもまたチャーチルの本音だろう。だから彼に対しては強い批判もあると同時に、どこかにだだっ子を感じて何となく許してしまう面もあったようだ。ある女性のチャーチル評にはそうした点が見え隠れする。

初めてウィンストンに会ったときは欠点ばかり見えてしまいます。そしてこのあとは生涯をかけて彼の美点を探すことになるのです。

それにしてもイギリス紳士のユーモアというのも幅が広いものである。チャーチルの寸鉄《すんてつ》人を刺すような言葉は、どちらかというとユーモアよりもウィットを感じさせる面が強い。

さらに、ユーモアが暖かみのあるおだやかなもので、人間の愚行を余裕ある態度で包みこむものだとしても、その一方でイギリス紳士が残酷な面を伴ったユーモア、つまり「黒い《ブラック》ユーモア」を愛好してきた点も忘れてはならない。

ブラック・ユーモア

ブラック・ユーモアの始祖、代表的人物として知られているのは、すでに名をあげたことのある『ガリヴァー旅行記』の作者ジョナサン・スウィフトであろう。「私は一人の貧乏人に、どうして暮らしているのかと尋ねると、『シャボンみたいに、毎日すり減りながら生きています』と答えた」などという文章を残している人物だけに、そのブラック・ユーモアは年季が入っている。

スウィフトの作品には毒を含んだユーモアがあちこちに見受けられるし、人間への嫌悪とともに理性一辺倒への批判をも含んだ『ガリヴァー旅行記』にもブラック・ユーモアが見え隠れしている。

しかし、何といってもその真骨頂《しんこっちょう》が発揮されているのは、『穏健なる提案』と題された短い文章であることは、衆目の一致するところだろう。正式な題名『アイルランドの貧民の子供たちが両親及び国の負担となることを防ぎ、国家社会の有益なる存在たらしめるための穏健なる提案』からもうかがわれる通り、これはスウィフトの母国アイルランドが貧窮にあえいでいる現状を目のあたりにして、それを収奪するイングランドへの怒りを内に秘めながら、きわめて冷静に綴《つづ》られ

ジョナサン・スウィフト

たアイルランド貧困問題解決に向けての提案である。
だが題名の『穏健なる提案』という言葉とは裏腹に、そこに示された提案内容は読むものをぞっとさせずにはおかないブラック・ユーモアに満ちている。それは簡単に言えば、貧乏人は（麦ならぬ）赤ん坊を食べてしまえという提案なのである。

　私がロンドンで知りあいになった大層物知りのアメリカ人がはっきり言ったことだが、ちゃんと育てられた健康な子供は、一歳の時が、極めて美味で滋養に富み、健康によい食物で、シチューによく、焙《あぶ》ってよく、焼いてよく、煮てよいそうである。さらにまた、フリカッセにしてもラグーにしてもいいだろうと私は確信する。

　そこでどうか次の提案を御考察いただきたい。上に算出せる十二万［毎年貧しい親から生まれる数――引用者注］のうち二万を繁殖用に残す。男はその四分の一でよい。これでも、羊、黒牛、豚の場合より率がいい。というわけは、これらの子供は、結婚の所産であることは滅多にないからであるが、わが未開人にとっては結婚なんぞは少しも重要視すべき事柄ではないから、男一人で女四人を十分相手にすることができよう。残った分は一歳になったときに、全国の貴族や富豪に売りつけることができよう。母親には忠告して、最後の一月にはたっぷり乳を飲ませて、子供が立派な献立にむくように丸々太らせる。友人の歓待には、子供一人で二品できる。家族だけの食事であれば、頭や尻の四分の一だけでかなりの料理になる。少量の胡椒か塩で味つけし、四日目に茹《ゆ》でると大いによろしい。冬はことさらである。

（山本和平訳、現代思潮社。ただし現在は絶版）

何が「穏健な」と思うだろう。きわめて過激かつ非現実的な提案である。アイルランドの食糧不足、国民の貧困、貧民層の多産による人口過剰、この三つを一気に解決する名案だというのだが、子供を食用にするという前提そのものが文明社会においては受け入れられないタブーだけに、不条理きわまる案としか考えられない。

ところが、スウィフトはこうした提案をまったくのポーカー・フェイスを装って、大真面目で詳しく述べていく。中でも特徴的なのは、スウィフトがこの主旨をきわめて具体的に、数字を駆使しながら語っていく点である。

私の計算では、生まれたばかりの赤子の目方は平均十二ポンドであった。かなり良く育てれば、まる一年で二十八ポンドまで増える。

私はすでに、乞食の子供（この中に、小作人、労働者、及び自作農の五分の四を入れて考える）ひとりの養育費は衣服も入れて年額約二シリングだと計算した。よく肥えた子供の屍体に十シリング出ししぶる紳士はよもやあるまいと私は信ずる。

十万人の子供を二歳になってもまだ育て続けるとすると、一人年額十シリングを下らないから、私案を用いれば年五万ポンド、国家の財産が増加することになる。

漱石はこの文章を読んで、本気でこれを書いているとすればスウィフトは狂人だと評したが、スウィフトはここではある意味では決して狂っていない。むしろ冷静すぎるくらい冷静に書いているからこそ、われわれはぞっとした気持ちになるのだ。アイルランドの窮状は尋常の手段をもってしては救い得ないところにまで来ていた。だからこそ、こうした非現実的で過激な提案をすることでしか、世間の耳目《じもく》をそばだたせることはできなかった。そして、声高なアピールよりも、むしろ冷静に淡々と綴られるブラック・ユーモアに満ちた文章の方がより効果的なることを、スウィフトはよく知っていたのかもしれない。

実際、ブラック・ユーモアというのは、これを使う側に物事を冷静かつ余裕をもって見据える姿勢がなければ、効果をあげにくいものなのである。あるいはそれは、悪く言えば人間の悪さ、意地悪の精神が生み出すものかもしれないのだ。その点ではたとえば、イギリス紳士に人気のある作家イヴリン・ウォーにも一脈相通ずるところがある。

イヴリン・ウォーのユーモア

イヴリン・ウォーといっても日本ではあまり知る人がないかと思う。翻訳もあまり出ていないし、研究の方もそれほど盛んではない。ウォーとよく並んでもち出される小説家にグレアム・グリーンがいるが、こちらは大いに人気があって、翻訳もほとんど全作品出版されている。両者とも二〇世紀イギリスを代表する作家と言われながら、少なくともわが国ではその人気に大きな差がある。

イヴリン・ウォー

本国イギリスでの一般的評価も、どちらかというとグリーンの方が高いようだが、それでもウォーをもち上げる人はかなりいる。ただこのウォーという作家（すでに故人となっているが）、小説でとりあげる内容がイギリス上流階級の生活や環境にどっぷりとつかっていて、それを知らないと理解しにくい（だから日本ではわかりにくい）面が多く、またグリーン同様「カトリック作家」というレッテル（これもまたわが国でちょっと受け入れられにくい要素の一つ）を付けられているものの、ウォーには人間を時に残酷と思えるほど冷たい目で見つめる性癖があるため、とかく批判があるのだ（さらにもう一つ付け加えれば、英語が非常に凝《こ》っていて難しいのもウォーの翻訳が出にくい理由だろう）。

　ところで、こうしたウォーの作品を高く評価する人もイギリスにはいる。そしてほかならぬイギリス紳士にはウォーの熱狂的ファンが多いのである。僕が習ったアングロ・サクソン美術の専門家であるプロフェッサー（サマセットに大邸宅をもつ旧家の御当主である）は、ウォーと聞くと目の色を変えてその魅力を語ってくれたし、寒い冬の夜長には暖炉のそばでウォーを読むのが無上の楽しみとおっしゃる高級官僚もいた。もちろん嫌いだという人もいて、同級生だった男はウォーの名前が出た途端、「あのスノッブ」と吐き捨てるように言ったのを覚えている。

　ここは別にウォーの文学を検証する場ではないから、これ以上はやめておくが、僕自身は非常に好きである。中でもあの何とも言えぬブラック・ユーモアと、平然たるそぶりで顔色一つ変えずに言う冗談が、いかにもイギリス紳士好みだと思わずにはいられないのだ。

イヴリン・ウォーの本名はイヴリン・アーサー・シン＝ジョン・ウォーという長いもので、貴族ではないけれど、紳士の家系に生まれ育った。自伝の中で自分の名前に触れたところがあるが、「シン＝ジョン」などと聖人の名前（セント・ジョン）を付けられて参ったと述べたのち、イヴリンというファースト・ネームが女性に多いものだからよく友達にからかわれたと言っている。

またイタリアとエチオピアの戦争中、特派員として戦地におもむいたウォーが、事前の連絡で作家のイヴリン・ウォーが行くとなっていたため、イタリア人将校たちがおめかしして待っていたというエピソードも自伝に書いている。このあたりがいかにもウォーらしいユーモアだと言えよう。

グロテスクなまでにブラック

しかし、何と言っても彼の真骨頂は、残酷なほどのブラック・ユーモアである。

たとえば、アメリカの豪華な霊園を舞台にした『ラヴド・ワン』（「愛されし者《ラヴド・ワン》」というのは葬儀屋用語で「死者」の意味）では、イギリス人の詩人で動物葬祭社に勤めるデニス・バーロウ、豪華な霊園「囁《ささや》きの園」に勤める死体化粧師エイミー・サナトジェノス、そのエイミーの上司で死体防腐処理師のジョイボーイの三角関係を軸に、アメリカの物質文明を皮肉り、文体模写とパロディを縦横に駆使して見事な戯画小説を作り上げた。そしてこの中には様々なユーモアがちりばめられているのだが、特に光るのは何気ないそぶりで示されるブラック・ユーモアである。

エイミーに恋心を抱いているジョイボーイは、死体防腐処理を終えた「ラヴド・ワン」を死体化粧師の所に廻《まわ》すのだが、エイミーのもとに送られてくる死体だけがいつもにこやかな笑みを浮かべている。ところが、エイミーとデニスの婚約を聞いた日にジョイボーイから廻されてきた死体は悲しい顔つきだった。

これもその一つだろう。あるいは、デニスの勤める動物葬祭社では愛犬の命日に「愛犬ポチは今日天国であなたを思い出して尻尾を振っています」という手紙を出す。一方、物語の最後では三角関係のもつれから、エイミーが「囁きの園」のジョイボーイの部屋で自殺し、その処置に困ったジョイボーイがデニスと相談して、死体を羊の死体といつわって動物葬祭社の焼却炉で焼いてしまう。デニスはこれでジョイボーイから一〇〇〇ドルまきあげ、エイミーと駆け落ちしたことにしてアメリカを去る。その後、エイミーの命日には、ジョイボーイのもとへ「あなたのかわいいエイミーが、今夜天国であなたを思い出して尻尾を振っています」という手紙が届く。

このほか、『ラヴド・ワン』にはぞっとするようなブラック・ユーモアがいろいろと含まれているし、またウォーの傑作の一つ『黒いいたずら』では、知らずに恋人の肉を食べてしまうという場面、また『一握の砂』では、人肉を食べるというグロテスクな描写はないものの、全編に無気味なブラック・ユーモアと皮肉が溢れ、イギリス上流階級の伝統的価値観が失われていく姿が見事な筆致で描かれている。

いずれにしてもこのようなブラック・ユーモアは、イギリス紳士の大いに好むところらしく、ウォー以外にもロアルド・ダールやスタンリー・エリンが人気を集めるのも当然と言えるだろう。

いいや、小説だけではない。イギリス紳士の好きなジョークにも、この手のブラック・ユーモアはたびたび出てくるのである。

顔中にきびが出ている紳士が理髪店に入ってきて、ひげを剃《そ》ってくれと注文した。

「いいかね。よく見てくれ。ごらんの通り私の鼻も頬も美しいルビーが散りばめられている。これを手に入れるにはだいぶ金がかかっている。それだけに大事に思っているんだ。ひげをあたるとき、絶対に血を流さないでくれ。うまくいったらクラウン金貨をあげよう。さもないとグサリだぞ」

理髪師は、大して難しいことではないと思って、この条件を呑《の》んだ。そして見事に剃りあげた。

紳士は約束通りの金を払い、店から出ながら、

「もしかみそりがすべったら命がないのに、よくこんな仕事を引き受けたもんだ」

と感心して言った。

理髪師は、こともなげに答えた。

「いや別に苦労もありません。一滴でも血が流れたら、真先にだんなの喉をかっ切っていましたからね」

もう少し短くてぞっとするのはないか。

「私、夫を火葬にしましたの」と、寡婦は話し始めた。「そして灰を砂時計に入れました。これで結婚以来初めて、彼が私のために働いてくれるのを見られますわ」

中年の紳士「老化を防ぐスポーツがあったら、何か推薦していただけませんか」
医者「ロシア・ルーレットなぞいかがでしょう！」

現代のブラック・ユーモア・ジョークとして古典的なものは次の話。

ウガンダの大統領だったアミン（人肉を食べたとのうわさあり）が、エールフランスのファースト・クラスに乗って、スチュワーデスがメニューを出すと、こう言った。

「違う。パッセンジャーズ・リストをもってこい」

もう一つは「アミンとファースト・クラスもの」である。

アミンがファーストに三人の子供たちと乗っている。そこに乗りあわせた客が、友人に言う。

「アミンは残忍だなんて言われているが、結構人間味があるじゃないか。きっと子供好きなんだな」

そうすると友人が、

「お前はわかってないな。あのかわいい子供たちは、右から朝食、昼食、ディナーなんだぜ」

最後にチャーチルの小話。

アスター子爵夫人が、チャーチルに向かって言った。

「もしあなたが私の夫でしたら、コーヒーに毒を入れますわよ」

チャーチルは答えた。

「もしあなたが私の妻だったら、飲んでしまうでしょうな」

どうにもならない紳士である。

偏見からもユーモアが生まれる

チェスタフィールド卿は、人間だけが笑う能力をもつ生物であるという話を聞いたとき、即座にこう言った。

「その通りだが、人間だけが笑いものになる生物だとつけ加えるべきだね」

チェスタフィールド卿というのは一八世紀イギリスを代表する紳士である。それだけにこの言葉はなかなか含蓄がある。

イギリス紳士のユーモアには、これまで述べてきたブラック・ユーモアとともに、まさにこのチェスタフィールドの言葉の通り、笑いものにされることを楽しむゆとりがある。

たとえば、しばらく前にイギリスのチャールズ皇太子が日本に来て国会か何かでスピーチをしたことがあった。そのとき開口一番、「イギリス王室はある職業とともに世界で最古の歴史を誇っております」というせりふを吐いた。残念ながら議員諸氏の間からは何の笑いも出なかったようだが、もしこの「ある職業」というのが「売春婦」を指すことに気がつけば、どっと笑いが生まれたところだろう。いとやんごとなき御皇室がなどという批判は、どこかの国とは違ってイギリスでは出ない。いや、それどころか王室をネタにした「ロイヤル・ジョーク」というのがあるぐらいのお国柄なのである。

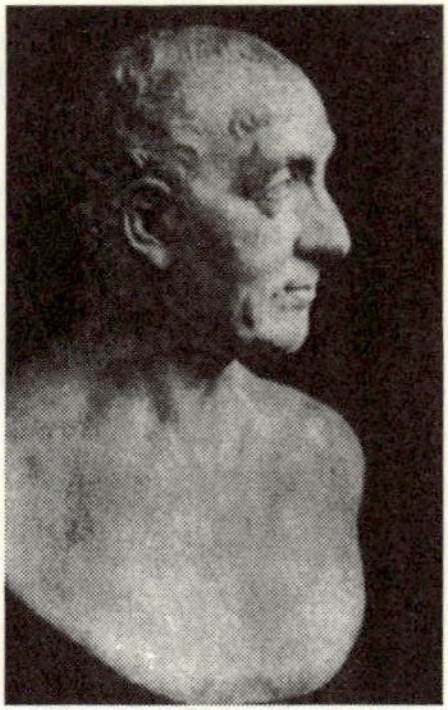

チェスタフィールド卿

イギリスの王室ネタは大衆紙に争って掲載され、それがダイアナ妃の悲劇を生んだ遠因であるという説にももちろん一理はあるが、逆に言えば、こうした報道によって王室が一般の人々の身近な存在にもなっているわけで、そのことの利益はかなり大きいだろう。

ユーモアやパロディが栄える国や時代というのは、文化が成熟している証拠だという説がある。日本だって元禄・化政の時代には、狂歌を筆頭にすぐれたユーモア感覚が発揮されたこともあった。近頃では山藤章二さんの健闘もあって、この分野もなかなかの賑わいを見せているが、その一方ではまだユーモアというものを低く見ようとする傾向があることも否定できない事実である。

だいぶ前に、わが恩師の一人故ロゲンドルフ先生がこんな話をなさっていた。日本の英文学者が多数集まる学会で特別講演を頼まれた。内容はユーモアについてで、途中でいろいろコミカルな詩やジョークを交えて話を進めた。その一つにこんなのがある。

ある女性が神父さんのところへやってきて、実は罪を犯したのでざんげしたいという。「昨夜、鏡を見て私って何でこんなに美しいのかと思いました。これは傲慢《ごうまん》の罪です」

神父さん答えていわく「それは罪ではありません。単なる誤りです」。

ところが、会場で笑った人はほとんどいなかったという。英文学者がお固いのか、単に英語がわからなかったのかと笑っておられたが、実はこれにはもう一つオチがあって、この話をある修道女にしたら、血相変えて「告解の内容は誰にももらしてはいけないはずです」と言ったそうである。こうなるともはや手の打ちようがない。

ところで、イギリス紳士のユーモアでもう一つとりあげておかなければいけないのは、先のチェスタフィールドの言葉ではないが、笑いものになる人間をこよなく愛するという点である。

こう言うといささか異な感じをもたれる方がいるかもしれない。たとえば、イギリスのジョークではよくスコットランド人がやり玉にあげられる。スコットランド人はケチというのだ。

スコットランドの学童は、自分の教科書に絶対に名前を書き入れない。次に売れなくなると困るからだ。

前にもあげたジョンソンは大のスコットランド嫌いで、自分で編纂《へんさん》した英語辞書の「オート」（からす麦）の項で、「イングランドでは馬が食べるが、スコットランドでは人間が食べる」と書いたほどである。これに対して弟子のボズウェルはスコットランド出身だから、「それだから、イングランドではすばらしい馬ができ、スコットランドではすばらしい人間ができる」と切り返したそうだ。

それはともかく、こうしたジョークがそれこそ山というほどあるイギリス人の中に、笑われる人間への愛情が見られるとは思えないという人もいるだろう。

エキセントリック好き

しかしよく見ると、こうした偏見や思いこみをもつ一方で、変わった人間や偏奇な人物をことのほか好きなのもイギリス人であり、イギリス紳士の中にもこういう言わば「エキセントリック」な人間が数多いのも確かなのである。そのため、『イギリス奇人伝』とか『有名人逸話集』の類がいろいろと出版され、愛読者の数も多い。たとえば、イギリス紳士の中でも奇人として名高く、それでいて多くの人に愛されているのは、本書に何度も登場したジョンソンだろう。実際、弟子のボズウェルが著した『ジョンソン伝』には、それこそあちこちにジョンソンの類《たぐい》稀《まれ》なユーモアと、一方においては分別と叡知《えいち》、他方では偏見、憂鬱、気紛《きまぐ》れ、この両者が結びついて生まれる様々な奇行、機知のひらめきが見てとれるのである。

その一例があの有名なエピソード、ジョンソンとチェスタフィールドをめぐる確執である。

長い話を短く端折《はしょ》って言えばこういうことだ。ジョンソンが英語辞書をつくろうとした。しかし出版費用の工面《くめん》がなかなかできない。そこで当時の慣例に従って、趣意書をしたため、貴族や金持ちのパトロンから寄付を仰ごうとした。その一人がチェスタフィールドで、出版者の入れ知恵もあってジョンソンは「新英語辞典計画書」というのを書いてチェスタフィールドから一〇ポンド（当時としては多額）の寄付を首尾よくもらった。

人に頭を下げるのが嫌いなジョンソンだが、これはやはり礼儀としてチェスタフィールドに礼を言わなければいけない。そこでチェスタフィールド邸へ出かけたところが、たまたま忙しかったためか、長い間待たされたので腹を立てたジョンソンは帰ってきてしまった。
その後ジョンソンは独力で辞書を完成させる。ところが出版直前に、チェスタフィールドが書いた辞書の推薦文が発表され、ジョンソンは腹を立てる。前に行ったときは玄関先で門前払いを食わせた人間が、今ごろおべんちゃらとはけしからん。こう言ってジョンソンはチェスタフィールド批判の手紙を書くのである。その一部を漱石の名訳で引けば次の通り。

嘗て御玄関脇に伺候致候ひしより、否御玄関先にて拒絶の命に接し候ひしより、はや七年を経過致候。……此七年の辛抱にて、拙著は漸く出版の運びに至り候。寸毫の補助を受けず、一言の奨励を蒙らず、微笑の眷顧を辱ふせずして、漸く出版の運びに至り候。小生はいまだ庇護者の下に立ちたる経験なきもの故、庇護者よりかゝる御取扱を受けんとは全く小生の予期せざる所に候。庇護者とは人の将に溺れんとする折を冷眼に看過し、漸く岸に泳ぎ付きたる折を見計つて、わざと邪魔ともなるべき援助を与へらるゝものに候や。……

おまけにジョンソンは自作の辞書でパトロン（庇護者）を定義して、「後援、支援あるいは保護する人間。通例、尊大な態度で人を支持し、お追従を報酬として受ける浅ましい輩」と書いたのである。

この結果、チェスタフィールドは評判ががた落ち、ジョンソンは独立独歩の大文豪とあがめられることになるわけだが、冷静によく考えてみるとチェスタフィールドには酷な話である。確かに一〇ポンドの寄付はしているのだから、「寸毫の補助を受けず」というジョンソンのせりふにもうそがある。

しかし世間は細かいことはわからないし、チェスタフィールド（彼はなかなかの傑物である）も紳士らしく何も言わなかったので、ジョンソンのみが高く評価された。イギリス人はとにかくこういうジョンソンが好きなのである。ひょっとすると自分の中にもこういう一面があることに、彼らは気がついているからかもしれないのだ。そしてだからこそ、自分をも笑いの種にするのかもしれない。

そう言えば、ジョンソンの弟子のボズウェルにもこういうジョークがある。

ボズウェルが鏡に映った自分の顔を眺めながらつぶやいた。

「どうも私の造作は、まったく違った種類のおびただしい部分からつくられているわい。してみれば、画一的な教育はどんなものにせよ、好ましい性格をつくることはあり得ないと推論すべきだな」

確かにボズウェルの顔はてんでんばらばらの部分から成り立っていた（人によってはジグソー・パズルのでき損ないという評もある）らしいが、それでも若い頃は女たらしと評判だった。もてたのか、単にマメだったのかはよくわからないが、性格はジヨンソンほど奇矯《ききよう》ではなく、なかなか常識的な好感のもてるタイプと言われる。ついでに言えば、チェスタフィールドは「これ以上は無理というほど、不細工だった」そうである。

第四章　紳士、このしたたかなるもの

イギリス人のマナー

一般にイギリス紳士というと、エチケットをきちんとわきまえ、マナーが洗練された男の理想像（特に女性にとって）ととらえられることが多い。

いやそもそもイギリス人自体がきわめて行儀のよい、紳士的国民だと日本では考えられているようである。ワールドカップ・サッカーのフーリガン騒動や北アイルランドの暴動などにもかかわらず、全体としてイギリス人はおだやかで理性的、かつ礼節を尊ぶ国民だというイメージは抜き難くあるようだ。

確かに僕個人の限られた範囲での経験からしても、イギリス人は概してマナーがいいと言えるだろう。車の運転は言うに及ばず、きちんと列をつくって順番を待つ、後ろから来る人のためにドアを押さえてくれる、老人や妊婦、重い荷物をもつ人のために席を譲る、エスカレーターでは急ぐ人のために片側を開けておく、ちょっと肩が触れても「エクスキューズ・ミー」「ソーリー」を連発する。「プリーズ」「サンキュー」（語尾を上げて「キュー」と言うのが多い。学生では「ター」と言うのがいてびっくりした。イングランド西部やウェールズではよく使うそうだ）を頻繁に口にする等々、気持ちはともかくとして、表面的にはまことに心地よく暮らせるし、そうした中ではこちらもゆったりとした態度が身に備わっていくような気がする。

とは言うものの、彼らとてすべてにわたってマナーがいいわけではない。たとえば電車の中の四人掛け対面席では、すいていれば平気でシートに土足の足をのせる。日本と違って部屋の中も靴をはいたままだからあまり気にしないのかもしれないが、最初はいささかびっくりした。地下鉄構内にはシートに足をのせるのはやめようというポスターが貼《は》られていたから、やはり公序良俗に反すると思う向きもあるのだろうが、あまり効果はないようだ。

また道路に犬の糞がやたらと落ちているのにも閉口した。しかもそれを飼主どころか、他の通行人もいっこうに気にしないのである。踏んでも何とも思わないらしい。

さらにデパートの中にやたらとゴミが落ちているのもびっくりである。さすがにハロッズあたりに行くとこれは見られないが、普通レヴェルの店ではドアの開閉のたびに紙くずが舞うのだ。公衆道徳に関してはヨーロッパに学べと言われてきた日本だが、案外こちらの方が上ではないかと妙な愛国心が顔をのぞかせたこともある。

しかしまあ、一斑《いっぱん》を見て全豹《ぜんぴょう》を卜《ぼく》することはできないし、これをもって日英比較論を展開するつもりも毛頭ない。要するに、どこへ行っても人間多種多様だという平凡な観察に終わるだけである。

「ジェントル」の語源

ところで、ジェントルマンという言葉の「gentle」は、もともとフランス語の「gentil」から来たものである。そしてこのフランス語は「生まれのよい、行儀作法のよい、好感のもてる」という意味だった。ところが、この言葉がイングランドに入ると間もなく、意味が変化する。つまり、英語の「ジェントル」は「穏やかな、激烈でない、優しい」という意味に使われ、もともとの「生まれのよさ」という概念が消えるのである。

だが「生まれのよい」方も姿を消したわけではない。ただしそれは「genteel」という新しい英語がその意味を担ったのであり、一七世紀以降、英語の「ジェンティール」はフランス語の意味を受け継いで「生まれのよい、行儀のよい」というニュアンスで使われるようになった。

つまり、「ジェントルマン」（「ジェントルな人」）というのは、第一章でも述べたように、もともとは「生まれのよい礼儀正しい人」という意味だったのが、間もなく「生まれのよさ」がとり払われて、単に「穏やかな性格の礼儀正しい人」を表すようになったわけである。

今日でも英和辞典の説明では「ジェントル」とは何よりも「〈気質・性格が〉穏和

な、親切な、優しい。〈ふるまいが〉礼儀正しい」の意味で使われることが多いと記されている。

とは言うものの、「生まれのよい」というニュアンスの「ジェンティール」という言葉が、ジェントルマンから依然として連想されることも事実なのである。ただしここで厄介なのは、「ジェンティール」という英語が、一九世紀末から二〇世紀にかけて、つまり伝統的なイギリス紳士が衰退していく過程で、きわめて皮肉っぽい意味を担わされてきたことだ。簡単に言えば「上品ぶった」「気取った」という意味で、「お上品な伝統《ジェンティール・トラディション》」と言えば、アメリカのニュー・イングランドのロングフェローやオリヴァー・ウェンデル・ホームズのような保守的傾向の詩人たちを揶揄《やゆ》するときに使われる。

ＢＢＣの日本語部長だったトレヴァー・レゲット氏によると、「カップをジェントリーに置く」と言えば、音を立てずにカップを静かに置くことになるが、「カップをジェンティーリーに置く」のは、小指を一本だけ離してカップをもつようなことを指すとのことである（『紳士道と武士道』サイマル出版会。現在は絶版）。

こうした「ジェントル」と「ジェンティール」との違いは、イギリス紳士という存在に対する二つの見方と当然ながら結びつくものだろう。その端的な表れが、イギリス紳士の礼儀正しさを美化、理想視する立場と、それをうわべだけの上品さ、慇懃無礼《いんぎんぶれい》とみなす立場である。そしてこれは実は、イギリス紳士、あるいはジェントルマンというものが歴史の流れとともに変遷を遂げ、その意味するところが拡大、あるいはあいまいになってきたため、特に顕著となったのではあるまいか。

騎士道と紳士道

近代ヨーロッパの文明、文化をつくりあげるのには、古代ギリシア・ローマの文明、文化が大きな影響を及ぼしたことは言うまでもない。ヨーロッパ大陸の僻地《へきち》であるイギリスにおいても同じことが言えるのであって、こうした古典古代の遺産は目に見える形、見えない形を問わず、数多く残っている。

その意味では、イギリス紳士の人格形成においても、古典語教育が重視されてきたことからわかるように、ギリシア、ローマの影響力は欠かすことのできない重要な要素である。

しかし、紳士の生き方、行動様式という面では、もう一つ重要なものがあることを忘れてはならない。それは騎士道との関わりである。そしてこの点では、隣国フランスの影響を見逃すわけにはいかない。

紳士という身分が封建時代の騎士を中心にした階層に由来することは、すでに第一章でも若干述べた点だが、この騎士の生き方の理想である騎士道は、もともとフランスを発祥の地として、その後ヨーロッパ各地に受け継がれていった。

この騎士道の成立過程や詳細な内容に立ち入る余裕はないが、騎士たるものの理想とすべき生き方は、何事に対しても勇気と正直とをもってあたり、思いやりや礼儀正しさを大事にし、特に女性に対しては格別の配慮をするというものだった。また一朝《いっちょう》ことあらば、真っ先に戦場にかけつけるという義務感（高貴なものに伴う義務、例の「ノブレス・オブリージュ」という考え方である）も重視された。中世のアーサー王伝説にはこうした騎士道の理想像が様々な形で示されていることは、すでに御承知の通りである。

しかし、理想というものは結局は絵に描いた餅である。あるいは、現実がひどくなればなるほど、逆にこうあるべきだとの理想が声高に主張されること、洋の東西、古今を問わず真実なのである。

たとえばこんなジョークがある（出典は開高健・島地勝彦『水の上を歩く？』TBSブリタニカ）。

チャーチルがイタリアへ行くことになった。ところが、彼はイギリスの船会社の船に乗らず、イタリアの船を予約した。まわりの連中が驚いて、なぜわが国の船を利用しないのかと訊くと、チャーチル答えていわく、「イタリア船は、まず食い物がうまい。次いで、サーヴィスが行き届いている。最後に、救命ボートに女子供を先に乗せろとは書いてない」。

戦闘においては正々堂々と、相手への思いやりをもって戦うべしといっても、いざとなればわかりはしない。お互い捕虜となることをよしと考える同士ならば、生死をかけた戦いをせずともすむが、そうした暗黙の了解の成立しない状況や、「生きて虜《りょ》囚《しゅう》のはずかしめを受ける」ことを潔《いさぎよ》しとしない相手と戦うときには、たいていの場合騎士道もへったくれもなくなるのである。

したがって騎士対騎士の戦いではともかくも、竹槍《たけやり》をもった農民や色の違う異人種が相手となると、現実はやはり食うか食われるかになってしまう。十字軍など、かなりひどいことをしているのだ。

さらに「何々道」というやつは、大体においてその実体が崩れかけ、内容空疎《くうそ》になったときにつくられるもので、騎士道もまたその例外ではなかった。中世の騎士の姿

次世代の教育

が過去のものとなりつつあった一六世紀に、盛んに騎士道の理想がもてはやされることとなるわけだ。

たとえばエリザベス時代の廷臣の中でも文武両道に誉《ほまれ》の高かったサー・フィリップ・シドニーという男、戦場で重傷を負ったとき、水が運ばれてきたので飲もうとしたが、そばにもっと傷の重い平民の兵がいたので、この水をやり「お前の方がこれがずっと必要だ」との名文句を吐いた。兵士が半分飲んで返すと、シドニーは残りの半分で兵士のために乾杯して死んだという。ちょっとでき過ぎのエピソードだが、事実とすればこれほどクサイ芝居はない。

同じ廷臣のサー・ウォルター・ローリーは、女王の歩く前に水たまりがあるのに気がついて、やおらマントを脱いでそこに広げたという。そのときのせりふが「サー・ワタレー」だというのは後世のつくり話だが、これとてもいささかイヤ味である。

しかしそれはともかく、このルネッサンス期になると、身分階層としてすたれた騎士は紳士（ジェントリー）の中に含まれて、その結果騎士道と紳士道なるものが結びつくことになる。

ただし、騎士道の中の戦時の義務は、理念としては残ったものの、現実には槍と楯《たて》をもって戦いに馳せ参じることはなくなる。代わりにスポーツが重視されることとなるわけだ。ホイジンガの言葉を借りれば、戦いの代用としてのスポーツ、ゲーム、遊びというわけである。

かくして、よほどのことがない限り、戦いでの死というものがなくなったから、あとは安心して騎士道ならぬ紳士道の洗練に力を注げることとなる。行儀作法の洗練と、技芸に磨きをかけ、ある程度の教養を積むことをめざせばよい。そしてこのとき大いに模範としたのが、当時としては先進国たるフランスの優雅で洗練された物腰である。

フランスに追いつき、追いこす

文化、文明は川の流れのごとく高い所から低い所へ向かう。一六、一七世紀のヨーロッパでは、イタリア、続いてフランスが先進国として高い位置を占めることになる。例のグランド・ツアーと称する殿様旅行も、こうした文明国の雰囲気を肌で味わって、特にその洗練された態度、物腰を身につけようとするものだった。

一六世紀には、たとえばイタリアのカスティリオーネが書いた『廷臣』という作法手引書がイギリスでも翻訳されてベストセラーになり、紳士たるものいかなる作法を身につければよいか、どのような技芸と教養が必要かが熱心に学びとられた。

一七世紀になると、イタリアに代わってフランスが紳士たるものの手本とすべき国としてクローズアップされる。イギリスとフランスとは元来仲が悪く、何かと言えばヨーロッパの中心はこちらだと叫んで張り合うことが今日でも続いているが、一七世紀の時点では国力、影響力、文化の成熟度の点でフランスが先を行っていた点は否《いな》めない。

特にヨーロッパの田舎者と自他ともに許すイギリス人は、フランス宮廷の洗練さを学びたいと考えた。その意識が最も強かったのはやはりイギリス紳士だろう。紳士の理想が優雅な礼儀作法を身につけることだというなら、手本とすべきはやはりフランスでなければならなかった。

だが一八世紀を迎える頃になると、国力の面でイギリスはフランスに追いつき、さらにはこれを追いこすに至る。その原動力となったのは中産階級の商人や貿易商で、彼らのヴァイタリティと額に汗して働こうとする意欲とが、イギリスを世界の強国へと押し上げたのである。

そして、もちろんこの時点では、昇る朝日のごとき中産階級と、もはや西へ沈もうとする貴族や紳士とでは、今後の行く末ははっきり見えていた。しかし、土地と家柄を誇る上流階級と富と実権とを手に入れつつある中産階級とでは、まだ互いにもちつもたれつの関係を保ち得る。紳士の次男坊（家を継ぐ必要がない）と大商人の娘とが婚儀を結べば、両者とも不足を補えて万歳なのである。紳士の方は金、商人の方は家柄。

だから、一八世紀前半に紳士とは何かを語った文筆家（自らも紳士である）は、大商人もまた紳士の中に入ると主張した。特に昔は一生懸命働いたかもしれないが、その甲斐《かい》あって功成り名遂げて、今は働く必要のなくなった商人はジェントルマンに加えられたのである。

しかし、妙な言い方だが、こうした付け焼刃の紳士は時としてお里が知れることもある。もし伝統的紳士というものが洗練された物腰、優雅な礼儀作法を誇るべきなら、これら成りあがり紳士は往々にして育ちの悪さを露呈しかねない。そこで考えられるのは本場フランスの洗練を学ぶことだが、イギリスはかつての後進国ではもはやない。今さらフランスでもあるまいにというわけだ。それならむしろ、イギリス紳士の紳士たるゆえんを別の角度から示そうではないか。優雅洗練もまったく価値なしというわけではないが、それにとどまらず、イギリス紳士独自の特徴を重視しようというわけである。

こうして一八世紀イギリスでは、田舎に住んでスポーツに熱中し、表面的な飾りよりは実質を大事にし、何事にも自然に振舞うことを重視するイギリス紳士が生まれた。フランス流の機知や虚飾より、大らかなユーモアと愚直とも思えるような正直さとを兼ね備えた「カントリー・ジェントルマン」である。彼らはスポーツで身体を鍛え、フェア・プレイの精神をことさら吹聴《ふいちょう》し、時折、それでも都会の空気を吸って、悠々たる態度で日々を過ごした（あるいは過ごしているかに見せた）。

イギリス紳士像の確立

ただしここで一言付け加えておかなければならないのは、この時代、依然としてフランスに範《はん》をとって紳士の生き方、態度を説いた人物もいた点である。その代表格が前にあげたチェスタフィールド。『息子への手紙』（先年、これの抄訳が日本で出たのにはびっくりした。読んでみてもう一度びっくり。よくもここまでずたずたにカットして、目茶苦茶な訳文にしたものである）と題する長文の書簡は、フランス流の礼儀作法の重要性を説いて一八世紀イギリスの紳士予備軍に大いに影響を与えたものである。

チェスタフィールドが息子に説いて聞かせる要点は、宮廷での出世を望むなら人に気に入られる術を心得ること、これである。そして王侯貴族というものはうわべだけしか見ないから、外見に特に注意するよう忠告する。ではそれにはどうしたらいいか。

心に至る道は五感を通じるものである。彼らの目や耳を楽しませることが肝心。そうすれば仕事は半分終ったも同然である。

そこで彼は人の耳目を楽しませるための条件を詳しく述べる。

しつけはよいが儀式ばらず、気楽ながらもなげやりではない。大胆着実、しかし慎みを忘れず、上品でありながら気障《きざ》にならない。人に取り入ってもさもしくはなく、陽気ではあっても大騒ぎせず、率直ながらも思慮深く、寡黙ではあっても明快、何事にあたっても、時宜を心得て、身分をわきまえた態度をもってことに当る。

動作は上品でなければならないから、ダンスの教師に身のこなしは習えとか、衣服も華美にならず、靴にも注意せよ、笑うときも心から明るく笑っていいが、声を立てるなとか、ともかくも細かいのである。何しろ爪は丸く切れとか、歯も日に五、六回磨けとまで言うのだから、一時期の校則を上まわるほどである。そしてチェスタフィールドはこう結論づける。

完璧な育ちのよさというのは、無理をしないでも礼儀正しく、紳士的にふるまうことである。そしてこれについては、フランス人を見習わなければならない。フランス人は作法にすぐれており、フランス人の礼儀正しさは、堅苦しくなく自然なのである。これに比べるとイギリス人は、礼儀正しくするとぎごちない。

だからイギリス紳士として出世を望むなら、何よりも礼節と作法を今のうちに必死で学ぶよう心がけよというのである。

ところで、こうしたチェスタフィールドの叱咤《しった》にもかかわらず、当の息子は結局大した出世もせず、下級官僚のまま若死にしたそうである。ついでに言えばこの息子フィリップは、チェスタフィールドがあるフランス女性との間にもうけた庶子で、フランスぶりを手本にせよという言葉にもこうした裏があるのかもしれない。

それはともかく、こうしたエチケット指南《しなん》集大成のような手紙、あの例の一件で仲違いしたジョンソンから見れば、正常な道徳規範のかけらもない、「売女の道徳、踊りの師匠の行儀作法」を教えるものと思えた。ただそのジョンソンにしても、チェスタフィールドの礼儀作法がすぐれたものである点は認めていたのである。そしてチェスタフィールド流の考え方、生活の表面の「虚飾」こそが紳士にとって大事だということは、それなりに大きな影響を与えたのも事実なのである。

しかし、時代の流れはフランス流の優雅洗練から、イギリス独自の生き方、誠実な心と意志の強さ、態度、服装、話しぶりにおける控え目な特徴などを有する人間こそがイギリス紳士の理想であるという考え方に移りつつあった。その大きなきっかけとなったのが、イギリス紳士の養成機関、一九世紀のパブリック・スクールである。

イギリスが生み出した最高の産物

イギリスのパブリック・スクールが紳士の養成機関としての働きをもっていたことについては、すでに第一章で述べた通りである。遠く中世に起源をもつ名門パブリック・スクールが、イギリスの支配者階級の精神形成によくも悪くも大きな影響を与えたことは、今さら言うまでもあるまい。

しかし、一九世紀になって、イギリスの中産階級がさらに大きな力をもつようになり、また都市化の波と産業革命の進行とによって田舎の地所を本拠地とする紳士階級の力が徐々に落ちてきた中では、紳士養成機関としてのパブリック・スクールの役割、内容も変化をこうむらざるを得なかった。

一八世紀から顕著となった紳士層の拡大は、パブリック・スクールに入ってくる生徒たちの特質にも変化を与える。古い家柄、名門紳士の家系というのならば、その子弟も自然に培われた精神、行動原理をもっているだろうが、いわゆる新興の紳士階級はそうしたものを意識して身につけていかなければならない。そしてこの場合、大別して二つのモデルがあった。一つは、先のチェスタフィールドのように、できる限り洗練されたマナーを身につけようとすることである。しかしこれは、往々にして付け焼刃になりがちで、下手をすれば鼻もちならないスノビズムの現れと受け取られかねない。事実この時代、紳士の気取りをあげつらう文章がいろいろと見られたのである。たとえば小説家のサッカレイなどは、諷刺雑誌『パンチ』を舞台に、イギリス紳士のスノビズム、気取りをからかっている。

これに対して、一八世紀の田舎紳士の理想像を基本に据えて、むしろフランス流の洗練とは違った面に、あるべきイギリス紳士の姿を求める動きがあった。たとえば名門パブリック・スクールであるラグビー校の校長を務めたトマス・アーノルドは、パブリック・スクール精神の確立をめざしていくつかの改革を行ったが、その柱となったのが伝統的な古典教育に加え、スポーツを通して体育を重視することであり、さらにはフェア・プレイの精神を学んで人格の陶冶《とうや》をめざすことである。

こうした中から来たるべき時代を担う、知育、体育、徳育をバランスよく受けた紳士が育っていったことは事実である。フェア・プレイの精神にのっとり、ルールを厳しく守り、平衡感覚を有し、勇気とゆとり、自制心と謙虚さとをもち、幅広い見識と良識とを身につけ、いい意味でのアマチュアリズムを備えたイギリス紳士。これがアーノルドの理想とするところであり、またイギリス紳士のジェントルマンたるゆえんだった。あるいは伝統的な紳士の良質の層を構成してきた人間たちも、そうしたものを体現していたと言えよう。

しかし逆に考えれば、このようなアーノルドの改革が強く押し進められなければならなかったのは、現実が理想とは違った方向に向かっていたからだとも言えるだろう。だからこそ当時のパブリック・スクールでは、まるで忍耐力の限界を試すかのごとく、厳しい掟《おきて》に支配された生活が強制された。

古典語を無理やり覚えさせられる、スポーツを通してフェア・プレイの精神と忍耐力を養成させられる、上級生のしごきによってどんな理不尽なことでも我慢する心を養う、感情をできるだけコントロールして抑制を学ぶ等々、レゲット氏の言う「標準型紳士」の確立に重きが置かれたのである。

パブリック・スクールの品質証明は、自制、控え目、内輪な表現、穏やかで内省的な行儀、自慢しないことであるが、その下深くに自信がみなぎっている。批判家は、「彼ら一流のやり方で馬鹿さ加減を隠しているのさ、と言うが、擁護者の側では、馬鹿さ加減はあからさまに見せるよりは行儀のよさという仮面で隠しておく方がよっぽどましじゃないか、と言う。

まさにこの通りだと言えるだろう。イギリス紳士というものは、決して一面ではとらえ切れない存在である。歴史の流れとともにその姿はいろいろと変化してきたし、時代ごとにそれぞれ特色がある。またそれを見る側の意識によって、優雅な物腰の、ものにとらわれぬ冷静な人物という評価もできれば、とりすました態度と、何を考えているのかよくわからぬ冷酷な人物と映ることもある。

生まれたときからすでに紳士だったという幸運なる（?）人物もいれば、一生懸命刻苦《こっく》勉励《べんれい》してついに紳士としての評判を獲得した人物もいるだろう。一八世紀の田舎紳士さながらに朴訥《ぼくとつ》たる雰囲気を漂わせながら悠々と世を渡る御仁《ごじん》もいれば、フランス流の洗練を必死に（しかし必死のそぶりを見せず）学びとった人物もいるに違いない。真のジェントルマンは理念上のもの、多かれ少なかれ彼らはジェンティールマン的要素をもっているから、どうも鼻もちならぬと批判する向きもある。

しかし、少なくとも僕は、誰かが言ったごとく、イギリス紳士こそイギリスが生み出した最高の産物だという言葉にやはり賛同したいのである。特にあの決して高笑いではなく、思わず誘いこまれて微苦笑をもらさずにはいられぬユーモアは、何ものにも代え難い産物なのではあるまいか。そしてそれには冷徹と我慢強さとしたたかな精神こそが、最も必要とされるのだろう。

そしてフェミニストのお叱りを受けないように、紳士ではない淑女のしたたかさ、そのユーモアも大いに賞讃したいというわけで、こんなジョークでこの章を終わろう。

タイタニック号の特等に、ミセス・メイフェアという老貴婦人が乗っていて、氷山に衝突する直前に、ルームサーヴィスで氷とペリエを注文した。とたんにドンドンと音がしてドアが軋《きし》んだ。ミセス・メイフェアがドアを開けると、目の前に氷の

山がそびえ立っていた。そこで彼女、ちょっと顔をしかめて、

「確かに氷は頼んだけど、ちょっと大げさじゃないこと」

エピローグ

二〇世紀、特にその後半は、イギリスという国にとっても、イギリス人にとっても、いやイギリス紳士にとっても、何かとつらい時代だった。二度にわたる大戦でイギリスは勝利者側に立ったものの、多くの人材を失い、戦費調達のために国庫を開いて多額の資産を吐き出さなければならなかった。植民地を次々と手放し、世界経済のイニシャティブはアメリカ、日本へと渡り、国内では失業やインフレが慢性化して、「英国病」という言葉がジャーナリズムで声高に語られた。かつての大英帝国の面影はほとんどどこにも見られなくなったと言っても過言ではない。

そうした中で、一九八〇年代のイギリスは鉄の女サッチャーの強力な指導力によって、いささか強引とも思える手段で国力の立て直しが進められてきた。税制改革、民営化、その他諸々の改革を通してインフレの抑制がはかられ、失業率も好転して、イギリスは再び上り坂を歩み始めた。もちろんこうした改革には一方では強い批判も浴びせられているし、短期的に見れば再び経済、社会情勢の不安定化も現れているようだが、六〇年代、七〇年代のどん底から少しずつながら立ち直りの兆しを見せている点は否めない事実である。

こうした二〇世紀のイギリスの歩みを細かく見ていくことは、もとより僕のような素人には手にあまる仕事だが、本書のテーマであるイギリス紳士という存在を通して見る限り、どうしてどうしてイギリスは一筋縄で行かない、ふところの深い国だと思えてならない。

もちろんすでに再三述べたように、イギリス紳士という存在の定義は明確なものではない。

学問的に厳密を期せばかなり限られた層を指すことになろうし、できる限り広く解釈すればイギリス人男性のかなりの部分が含まれることになる。また時代の経過とともに、イギリス紳士の範疇《はんちゅう》が広がってきたことも、すでに見た通りである。さらに、イギリス紳士の理想化されたイメージと現実のイギリス紳士との間には、いろいろなギャップがあることも見逃せない。

あるいは、イギリス紳士という漠然とした存在に対して、一方には男性たるものの上質部分を感じる人もいるだろうし、逆に冷たく嫌味なスノビズムを嗅ぎつける向きもあるかもしれない。

僕自身の限られた経験、つきあいに照らしてみても、こうしたアンビヴァレントな感情をイギリス紳士に対して抱かざるを得ない理由はわかるような気がする。だから彼らを人類の理想だなどとは思わないし、ましてそんな理想的人間がこの世の中に存在するとも思わない。もしいるとすれば、それは人間ではないだろう。

だから、イギリス紳士も結局はわれわれ同様、長所もあれば短所もある、美点もあれば欠点もある、普通の人間だというはなはだ平凡な結論に至らざるを得ない。

ただ、イギリス紳士の実像やら、歴史の流れの中に現れた彼らやらを見て感じることは、何といってもそのしたたかさである。どのような状況、苦境に陥っても、我慢強く、粘り強く、冷静にことに対処しようとするあのタフさは、やはり大したものである。紳士という存在が大衆化の波に洗われて徐々に影が薄くなり、金銭的にも苦しい状況に追いやられつつある中で、少なくとも表面的には悠揚迫らぬ態度で事態打開の道を探らんとするあのゆとりは、並大抵のものではない。

本書にもたびたび登場したチャーチルが、第二次大戦のさなか、イギリス下院で次のように述べたことがある。

イギリス人は物事がどれほど悪いかを聞くことを好む唯一の人々であり、最悪を聞くことを好む人々である。将来はもっと悪くなる可能性があり、より以上の不運のため準備しなければならないことを、聞いて喜ぶ国民である。

まさにこの通りかもしれない。そしてだからこそ、彼らの心は一転して余裕に満ち溢れたものとなり、あのすばらしいユーモア感覚がそこから生まれてくるのではあるまいか。

参考文献

学問的な著作ならざる本書に参考文献はいらないのかもしれないが、執筆中にいろいろと参照したり、あるいは本書を書くにあたって読み漁《あさ》った文献もあるので、それらを感謝の気持ちとともに御紹介しておくのも大事なことだろう。同時に、この拙《つたな》い書物をお読み下さって若干興味を抱かれた方、あるいはもっと面白くてためになる本を読みたいと思われる方々のためにも、いくつかの書物の名前をあげ、蛇足と承知のコメントを付け加えておく。

ダグラス・サザランド『英国紳士』（小池滋訳、秀文インターナショナル）
生粋のイギリス紳士が書いたイギリス紳士論。ユーモアたっぷりの面白い読み物だが、うそか真面目かよくわからない記述があって、時々煙にまかれたような気分になる。なお同じ著者に『英国紳士の奥方』『英国紳士の子供』『英国紳士のお妾《めかけ》さん』があって、すべて秀文インターナショナルから邦訳が出ている。

J・B・プリーストリー『英国のユーモア』（小池滋・君島邦守訳、秀文インターナショナル）
イギリス人のユーモアを主として文学から探った本。いかにもイギリス人らしい悠々たる筆致で書かれた好著で、同著者の『英国人気質』（秀文インターナショナル）とあわせて読むとより一層効果的。

ピーター・ミルワード『イギリス人と日本人』（別宮貞徳訳、講談社現代新書）
御存知上智大学の教授にして、これまたイギリス紳士たるミルワード氏の著書。ほかにもたくさん著書があって、どれもみなイギリス紳士のユーモア理解に役立つ。

アントニー・グリン『イギリス人――その生活と国民性』（正木恒夫訳、研究社出版）
複雑なイギリス人の生活や国民性を、これまたさりげないユーモアでくるんで綴《つづ》ったイギリス人論。幅広く、内容も豊かで面白い。

トレヴァー・レゲット『紳士道と武士道――日英比較文化論』（サイマル出版会）
二五年近くBBCの日本語部長だった著者の語る日英比較論。決してイギリス人を理想化せず、冷静に見ている点に好感がもてる。
北村元『イギリスのユーモア――BBCよりジョークをこめて』（サイマル出版会）
BBC日本語部に出向した「テレ朝」の記者によるイギリス・ジョーク集。軽妙な筆致が楽しく読ませる。拙著にもその一部を拝借した。
『イギリス・ジョーク集　正・続』（船戸英夫訳編、実業之日本社）
イギリス・ジョーク集としては日本語で読めるものの中で最高。編集も気が利いていて面白く、大いに利用させていただいた。厚く感謝する次第。
ジョウ・イーストウッド『100%イギリス人』（永岡まり子訳、TBSブリタニカ）
本文中でも触れたように、今日のイギリス人の考え方を知る一、一つの手がかりにはなる。
山田勝『ダンディズム――貴族趣味と近代文明批判』（NHKブックス）
近頃とみにはやりのダンディズムの実態を探った本。イギリス紳士の生き方を考える上で参考になる。

英語文献もあげるべきなのだろうが、きりがないので次の一冊だけあげる。

David Castronovo, *The English Gentleman* (Ungar)

イギリス紳士像を文学、社会を通して探った本。とりたてて達見があるわけではないが、よくまとまっていて全般的な見取図を得るには適している。参考文献も多くあがっており、若干詳しく紳士研究をめざす方には便利かもしれない。

原本あとがき

イギリス紳士のユーモアという題で一冊書きませんかと言われたのが、もう一年ぐらい前のことだった。声をかけて下さったのは学芸図書第一出版部長の鷲尾賢也さんである。乱雑な研究室までわざわざおいで下さり、いろいろと打ち合わせをした。そのとき、執筆にあたっての注意事項をいくつか言われたのだが、特に記憶に残っているのは次のことである。

今、一番本を読むのは三〇代のビジネスマンである。彼らは海外出張や転勤などで外国人と接することが多いが、ビジネスの話はともかく、ユーモアやジョークで相手の心をなごませるにはどうしたらいいか困っている。ついては、ユーモアの本場イギリス紳士を語って、経済摩擦解消の一助となるような本をお書きいただきたい。なお、読者層は多岐にわたるかもしれないから、これまでお書きになった本のことは忘れて、初めてお目見えするつもりで書くこと。

そのときはハイハイと二つ返事で引き受けたものの、いざ書き出すとなかなかに苦しかった。しかも鷲尾さんは、この新書が売れる条件は三つ、題名と、本文中にできるだけ自分の体験を入れること、そして裏の顔写真だと断定された。

第一条件は鷲尾さんがつけてくださったのでOKだろう。しかし、「イギリス紳士のユーモア」の具体例を探すのには、かなり難儀した。女子大生の生態ならば日頃からなじみのもので、いざとなれば一冊や二冊書けるぐらいのストックがあるが、紳士にはあまり縁がない。

もちろんイギリスで少々暮らした経験と、その後のつきあいなどから第二条件に沿っていくつかの事例は見つかったが、あとは研究室の本にお世話になった。

イギリス紳士というのは、なかなか深遠かつあなどり難い存在である。まわりのことにはまるで無関心のような顔をしていて、時たま痛烈な皮肉をとばし、あとは微苦笑のうちに言葉を飲みこんでしまう。決して冷酷陰気というわけではないが、陽気に明るく元気はつらつというのでもない。親切なようでいて、時に突っ放した態度をみせる。礼節を尊ぶかに見えて案外無頓着。ともかく一筋縄では行かない。アメリカの子供らしい無邪気さもいいが、イギリスの大人ぶりも忘れてはならないと思う。

というわけで、本書がその一端なりともお伝えできているとすれば、著者の喜びこれにまさるものはない。なお第三の条件については、まったく自信がない。「蓼食う虫も好き好き」の御寛容が読者諸兄姉にあればと願うのみである。

遅れがちの原稿を御辛抱いただいた鷲尾さん、図版その他で御面倒をおかけした編集部の渡部佳延さんに改めて感謝の言葉を捧げるとともに、イギリス滞在中からいろいろと面白い材料を与えてくれた多くのイギリス紳士にお礼を申し述べたい。

一九九〇年八月

著　者

本書の原本（講談社現代新書）は一九九〇年一〇月、小社から刊行されました。

小林章夫（こばやし　あきお）

1949年東京生まれ。上智大学大学院文学研究科修了ののち，同志社女子大学教授を経て，上智大学文学部教授。専攻はイギリス文学，文化。主な著書に，『イギリス王室物語』『イギリス名宰相物語』（ともに講談社現代新書），『コーヒー・ハウス』（講談社学術文庫）などがある。

講談社学術文庫

定価はカバーに表示してあります。

イギリス紳士《しんし》のユーモア

小《こ》林《ばやし》章《あき》夫《お》

2003年7月10日　第1刷発行
2020年4月9日　第12刷発行

発行者　渡瀬昌彦
発行所　株式会社講談社
東京都文京区音羽2-12-21 〒112-8001
電話　編集（03）5395-3512
販売（03）5395-4415
業務（03）5395-3615

装　幀　蟹江征治
印　刷　豊国印刷株式会社
製　本　株式会社国宝社

ISBN4-06-159605-5

「講談社学術文庫」の刊行に当たって

これは、学術をポケットに入れることをモットーとして生まれた文庫である。学術は少年の心を養い、成年の心を満たす。その学術がポケットにはいる形で、万人のものになることは、生涯教育をうたう現代の理想である。

こうした考え方は、学術を巨大な城のように見る世間の常識に反するかもしれない。また、一部の人たちからは、学術の権威をおとすものと非難されるかもしれない。しかし、それはいずれも学術の新しい在り方を解しないものといわざるをえない。

学術は、まず魔術への挑戦から始まった。やがて、いわゆる常識をつぎつぎに改めていった。学術の権威は、幾百年、幾千年にわたる、苦しい戦いの成果である。こうしてきずきあげられた城が、一見して近づきがたいものにうつるのは、そのためである。しかし、学術の権威を、その形の上だけで判断してはならない。その生成のあとをかえりみれば、その根は常に人々の生活の中にあった。学術が大きな力たりうるのはそのためであって、生活をはなれた学術は、どこにもない。

開かれた社会といわれる現代にとって、これはまったく自明である。生活と学術との間に、もし距離があるとすれば、何をおいてもこれを埋めねばならない。もしこの距離が形の上の迷信からきているとすれば、その迷信をうち破らねばならぬ。

学術文庫は、内外の迷信を打破し、学術のために新しい天地をひらく意図をもって生まれた。文庫という小さい形と、学術という壮大な城とが、完全に両立するためには、なおいくらかの時を必要とするであろう。しかし、学術をポケットにした社会が、人間の生活にとってより豊かな社会であることは、たしかである。そうした社会の実現のために、文庫の世界に新しいジャンルを加えることができれば幸いである。

一九七六年六月

野間省一

外国の歴史・地理

モンゴルと大明帝国
愛宕《おたぎ》松男・寺田隆信著
征服王朝の元の出現と漢民族国家・明の盛衰。チンギス＝カーンによるモンゴル帝国建設とそれに続く元の中国支配から明の建国と滅亡までを論述。耶律楚材の改革、帝位簒奪者の永楽帝による遠征も興味深く説く。
1317

朝鮮紀行 英国婦人の見た李朝末期
イザベラ・バード著／時岡敬子訳
百年まえの朝鮮の実情を忠実に伝える名紀行。英人女性イザベラ・バードによる四度にわたる朝鮮旅行の記録。国際情勢に翻弄される十九世紀末の朝鮮とその風土、伝統的文化、習俗等を活写。絵や写真も多数収録。
1340

アウシュヴィッツ収容所
ルドルフ・ヘス著／片岡啓治訳（解説・芝　健介）
大量虐殺の責任者R・ヘスの驚くべき手記。強制収容所の建設、大量虐殺の執行の任に当ったヘスは職務に忠実な教養人で良き父・夫でもあった。彼はなぜ凄惨な殺戮に手を染めたのか。本人の淡々と語る真実。
1393

古代中国 原始・殷周・春秋戦国
貝塚茂樹・伊藤道治著
北京原人から中国古代思想の黄金期への歩み。原始時代に始まり諸子百家が輩出した春秋戦国期に到る悠遠な時間の中で形成された、後の中国を基礎づける独自の文明。最新の考古学の成果が書き換える古代中国像。
1419

中国通史 問題史としてみる
堀　敏一著
歴史の中の問題点が分かる独自の中国通史。中国の歴史をみる上で、何が大事で、どういう点が問題になるのか。書く人の問題意識が伝わることに意を注ぎ古代から現代までの中国史の全体像を描き出した意欲作。
1432

コーヒー・ハウス 18世紀ロンドン、都市の生活史
小林章夫著
珈琲の香りに包まれた近代英国の喧噪と活気。十七世紀半ばから一世紀余にわたりイギリスの政治や社会、文化に多大な影響を与えた情報基地。その歴史を通し、爛熟する都市・ロンドンの姿と市民生活を活写する。
1451

外国の歴史・地理

ウィリアム・H・マクニール著／清水廣一郎訳
ヴェネツィア 東西ヨーロッパのかなめ　1081～1797
ベストセラー『世界史』の著者のもうひとつの代表作。十字軍の時代からナポレオンによる崩壊まで、軍事・造船・行政の技術や商業資本の蓄積に着目し、地中海最強の都市国家の盛衰と、文化の相互作用を描き出す。
2192

パット・バー著／小野崎晶裕訳
イザベラ・バード 旅に生きた英国婦人
日本、チベット、ペルシア、モロッコ……。外国人が足を運ばなかった未開の奥地まで旅した十九世紀後半の最も著名なイギリス人女性旅行家。その幼少期から異国での苦闘、晩婚後の報われぬ日々まで激動の生涯。
2200

南川高志著
ローマ五賢帝 「輝ける世紀」の虚像と実像
賢帝ハドリアヌスは、同時代の人々には恐るべき「暴君」だった！「人類が最も幸福だった」とされるローマ帝国最盛期は、激しい権力抗争の時代でもあった。平和と安定の陰に隠された暗闘を史料から解き明かす。
2215

川北　稔著
イギリス　繁栄のあとさき
今日英国から学ぶべきは、衰退の中身である――。産業革命を支えたカリブ海の砂糖プランテーション。資本主義を担ったジェントルマンの非合理性……。世界システム論を日本に紹介した碩学が解く大英帝国史。
2224

本村凌二著
愛欲のローマ史 変貌する社会の底流
カエサルは妻に愛をささやいたか？　古代ローマ人の愛と性のかたちを描き、その内なる心性と歴史の深層をとらえる社会史の試み。性愛と家族をめぐる意識の変化は、やがてキリスト教大発展の土壌を築いていく。
2235

笈川博一著
古代エジプト 失われた世界の解読
二七〇〇年余り、三十一王朝の歴史を繙く。ヒエログリフ（神聖文字）などの古代文字を読み解き、『死者の書』から行政文書まで、資料を駆使して、宗教、死生観、言語と文字、文化を概観する。概説書の決定版！
2255